小学 **3・4**年生の

crossword puzzle

クロスワードパズル

国立大学法人
お茶の水女子大学附属小学校
監修

JN049888

朝日新聞出版

おうちの方へ

　子どもたちは、好奇心にあふれています。身の回りのすべてのものが、知りたいことであったり、やってみたいことだったりするのです。この本は、そんな子どもたちが、ゲーム感覚で、知っている言葉を正確に理解したり、新しい言葉を身につけたりすることをねらって作られています。

　3・4年生は抽象的な理解が急激に進む時期です。それだけに、様々なことに対して、大人が思っている以上に興味をもつときでもあります。目についたこと、面白そうなことは、教科の枠を超えて、子どもたちの気持ちをとらえます。ですから、本書のクロスワードも、様々な分野から出題しています。内容は、おおむね3・4年生で学習することに合わせていますが、学年を飛び越えてもっと深く知りたいと思うことが出てくるかもしれません。クロスワードを出発点にして、解答の解説を読みながら理解を深めてください。

　遊びながらいろいろなことに関心をもち、自分で学んでいってくれるようになることが、私たちの願いでもあります。本書がそのスタートとなることを期待しています。

お茶の水女子大学附属小学校副校長
神戸　佳子

言葉をつなぐ旅へ出発！

とあるまほう学校に通うハヤトとアリサ。
ある日、伝説のまほうの書がねむる「ひみつの部屋」のカギを、
いたずら好きなようせい、チャッピーがぬすんでにげちゃった！
チャッピーをさがし出して、カギを取り返すことになった2人は、
相ぼうのフクロウ、ホーリーと共に
チャッピーの行方を追うことに。これから
出されるいろいろなクイズをといて、
みんなもいっしょにチャッピーを見つけ
出そう！　さぁ、言葉をつなぐ旅へ出発だ！

チャッピー

いたずら好きな…!?

ホーリー

ハヤト

アリサ

この本の使い方

クリア表
何問目まで
クリアしているかわかるよ。
クリアした問題には、
クリアスタンプがつくよ。

問題番号

答えを書くマス

たてのカギ

よこのカギ

たてのカギ

社会 方角をしめす、4つの方位。
コンパスなどで調べるよ。

図工 絵の具を出して、色をまぜたり
うすくしたりする板のことだよ。

国語 次の漢字を読もう。「暗号」

体育 朝にスタートしたマラソンレース。
□□□目指してがんばろう!

よこのカギ

体育 サッカーは□□□□が決まれば、
とく点が入るよ。

算数 1kgの1000倍の重さは?

社会 国や地いきに住んでいる人の数のことを
何というかな?

算数 かなさんは660円持っています。
155円のノートを買うと、残りは何円かな?

サッカーで
□を受けるのは
キーパーだね。

8

9

教科マーク
どの教科で習う
言葉かわかるよ。

スペシャルキーワードのマス
全部で11こあるよ。全問といて
143ページに書くと、あるメッセージになるよ!

問題の
レベル

3年生のむずかしい問題

4年生のやさしい問題

4年生のむずかしい問題

4

答えのページ

もんだいばんごう
問題番号

かい説
かい説

虫めがねマーク
答えの１つにまつわる
おもしろい話をしょうかいするよ。

こた
答え

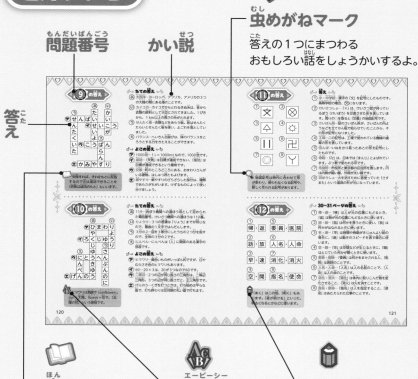

⟨⟨9 の答え⟩⟩

たての答え
ア 大西洋…ヨーロッパ、アフリカ、アメリカの３つの大陸の間にある海のことです。
イ カイコガ…カイコガが作られるのは、昔から衣類の材料として大切にされてきました。１ぴきから、１kmいじょうの糸が作れます。
ウ せんたく板…一昔前までせんたくは、昔はせんたくたらいにせんたく板を使い、よごれを落としていたんです。
エ へいこう…へいこうな板同士、体のバランスをとろうとする力をきたえることができます。

よこの答え
イ 1000mL…１L＝1000mLなので、1000倍です。
ウ 成功…「失敗」は目標が達成できない、「成功」は目標が達成できること。
エ 交ぜ…そのところどころにある、おまわりさんのいる建物、むしゅう所ともよびます。
オ 紙やすり…紙やすりのざらざらした部分は、種類をえらぶことができます。けずるものによって使い分けましょう。

⟨⟨10 の答え⟩⟩

⟨⟨11 の答え⟩⟩

⟨⟨12 の答え⟩⟩

120

121

本マーク
本マーク
答えの１つを使った
ことわざなどを
しょうかいするよ。

エービーシー
ＡＢＣマーク
答えの１つを
英語にしてみるよ。

えんぴつ
マーク
答えの１つと
同じ意味や
反対の意味の言葉などを
しょうかいするよ。

クロスワードのとき方とルール

① カギを読んで問題をとこう

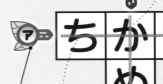

例題

たてのカギは、
上から下へ
答えを書こう。

たてのカギ

理科

せなかにこうらが
あって、ゆっくり
歩く生き物は？

→答えは「かめ」だね。

よこのカギ

国語

「遠い」の
反対の意味を持つ
言葉は何かな？

→答えは「ちかい」だね。

よこのカギは、左から
右へ答えを書こう。

ちかい
め

② マスに答えを書いていこう

教科マークに付いているカギと
同じカギが付いているマスに、
答えを書くよ。

ルール❶ 小さな文字は大きな文字で書こう

「っ」 ➡ 「つ」　「ゃ」 ➡ 「や」
「うちゅう」 ➡ 「うちゆう」

ルール❷ すべてひらがなで書こう

「37」 ➡ 「さんじゆうなな」
「ピアノ」 ➡ 「ぴあの」
「Sきょく」 ➡ 「えすきよく」

ルール❸ のばす音はたてもよこも「－」と書こう

もくじ

レベル ★☆☆☆

〜 たてのカギ 〜

社会 方角をしめす、4つの方位。
コンパスなどで調べるよ。

図工 絵の具を出して、色をまぜたり
うすくしたりする板のことだよ。

国語 次の漢字を読もう。「暗号」

体育 朝にスタートしたマラソンレース。
□□□目指してがんばろう！

〜 よこのカギ 〜

体育 サッカーは□□□□が決まれば、
とく点が入るよ。

算数 1kgの1000倍の重さは？

社会 国や地いきに住んでいる人の数のことを
何というかな？

算数 かなさんは660円持っています。
155円のノートを買うと、残りは何円かな？

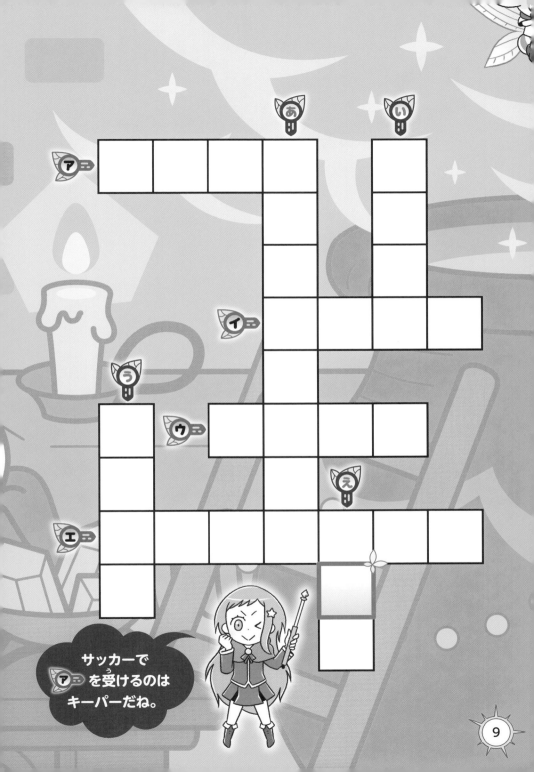

あ　い

ア

イ

う

ウ

え

エ

サッカーで　ア　を受けるのは
キーパーだね。

9

レベル ☆☆☆☆

～ たてのカギ ～

理科
小さな生き物のすがたや様子を
くわしく見ることができるよ。
ぜったいに太陽を見ちゃダメ！

算数
右の図の □ に
当てはまる言葉は何？

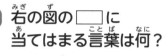
半径

体育
しょう害物走でとびこえる用具だよ。
たおさないように注意！

音楽
音楽のじゅぎょうで、
ハーモニカを□□□□する。

～ よこのカギ ～

図工
赤と青をまぜたら、できる色は何？

社会
右の図は、何を表す地図記号かな？

理科
太陽の□□□□□が光や熱になって地球にとどく
と、それを利用して電気を作ることもできるよ。

国語
次の文の＿の言葉を、国語辞典にのっている
形（言い切りの形）に直そう。
「学校まで、急いで走った。」

「歩いた」の
言い切りの形は
「歩く」だよ。

11

～ たてのカギ ～

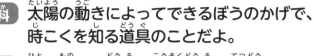

あ 理科
太陽の動きによってできるぼうのかげで、時こくを知る道具のことだよ。

い 社会
人や物が、道路・高速道路・鉄道・しんかん線などで行き来すること。

う 国語
次のうち、送りがなが正しいものはどれ？

幸わせ　育る　悲しい

え 国語
電線や電話線をささえるための、せの高い柱を何というかな？

お 国語
次の文のうち、しゅうしょく語はどれ？
「英語をすらすら話す。」

～ よこのカギ ～

 社会
お年よりの人口がふえることを
何というかな？

 プログラミング
まずは電げん□□□□をおして、
パソコンを起動させよう。

 社会
スーパーで買い物がしやすいように、
ねだんや産地が書かれているよ。

お年よりは、
高れい者ともいうホ〜。

13

～ たてのカギ ～

あ 体育
水泳の道具。
これを持ってキックの練習をするよ。

い 算数
1mの1000倍の長さは？

う 体育
右の絵の遊具は何かな？

え プログラミング
マウスのボタンを「カチッ」と
□□□□してみよう。

～ よこのカギ ～

ア 社会
学校に通う子どものほご者と先生の集だんを
ローマ字3文字で□□□とよぶよ。

イ 体育
ヤシの実みたいな形のボールを使う
スポーツ。ワンチームになって戦おう！

ウ 体育
両手をゆかにつけて、さかさまに立つこと。
さか立ちともいうね。

エ 国語
次の文の＿の言葉を、国語辞典にのっている
形（言い切りの形）に直そう。
「テストが始まった。」

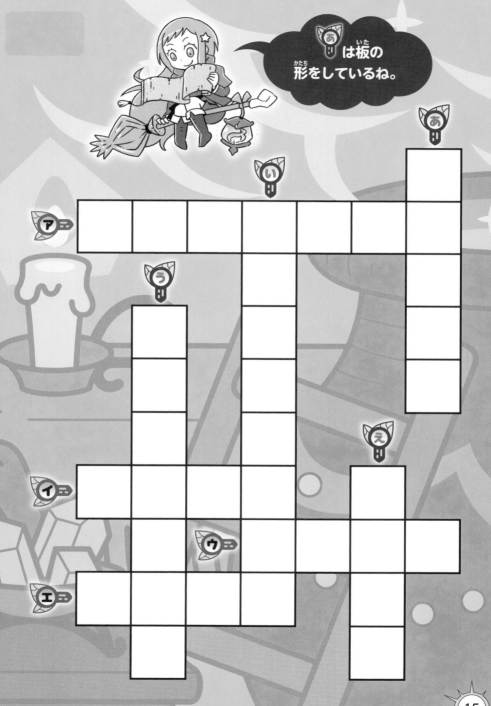

レベル ⭐☆☆☆

たてのカギ

 プログラミング
パソコンは、
パーソナル□□□□□□□のりゃくだよ。

 社会
しりょくの弱い人や、目の不自由な人の
歩行を助けるタイルを何という？

 音楽
右の記号の名前は何？

 理科
住んでいる場所のこと。ダンゴムシの
□□□は落ち葉の下など、しめった場所。

よこのカギ

 音楽
音楽のじゅ業で習う、あなの開いた楽器。
指であなをおさえて音を出すよ。

 国語
あることについて深く学んだり、
実験したりすること。
夏休みには自由□□□□□もあるね。

 理科
物の大きさのこと。すなと小麦粉だと、
これが同じでもすなの方が重いよ。

国語
漢字の読みには、音読みと□□□□があるよ。

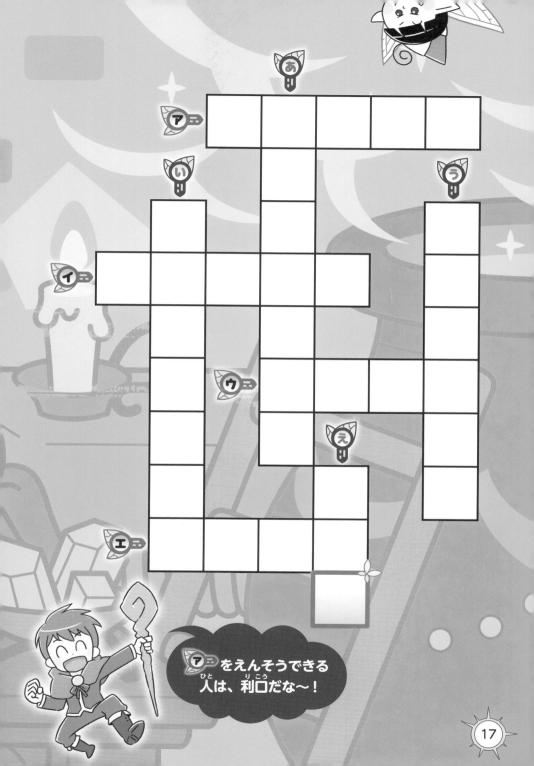

ア をえんそうできる
人は、利口だな～！

レベル ★☆☆☆☆

たてのカギ

あ 体育（たいいく）

リレーのときに、これをにぎって走る（はし）よ。
落（お）とさないように、次（つぎ）の人（ひと）にわたそう！

い 理科（りか）

糸（いと）と紙（かみ）コップで作（つく）る電話（でんわ）。糸（いと）をピンと
はれば、遠（とお）くにいても相手（あいて）の声（こえ）が聞（き）こえる。

う 社会（しゃかい）

お店（みせ）では、ねだんを安（やす）くしたり、
おまけを付（つ）けたり、いろいろな□□□□を
しているよ。タイム□□□□などもあるね。

え 国語（こくご）

平成（へいせい）の1つ前（まえ）の元号（げんごう）。小学生（しょうがくせい）のみんなは、
まだ生（う）まれていないね。

よこのカギ

ア 理科（りか）

この道具（どうぐ）は何（なに）？
上皿（うわざら）□□□というよ。

イ 体育（たいいく）

この用具（ようぐ）は何（なに）かな？

ウ 社会（しゃかい）

げん金（きん）を使（つか）わずに、しはらいができるお金（かね）。
お店（みせ）のレジで、カードやスマホを
「ピッ」とするだけ。

お金は英語で
マネーだホ～。

レベル ⭐☆☆☆

～ たてのカギ ～

プログラミング
このボタンをおすとスタートメニューが
ひょうじされ、きほんそうさができるよ。

音楽
耳が聞こえないドイツの音楽家。
『運命』という曲が有名だね。

体育
ボールを打つ道具。
テニス用は大きいけれど、
たっきゅう用は小さいよ。

～ よこのカギ ～

ア 体育
ぴょんぴょんととびながら、進むこと。
楽しい気分のときに、したくなるよ。

イ 社会
なえを雨や風から守る、
ビニールの温室を何というかな？

ウ 音楽
金管楽器の1つで、
小形のラッパのことだよ。

エ 社会
いろいろな本を、無料でかしてくれる場所。
返きゃく日は守ろうね。

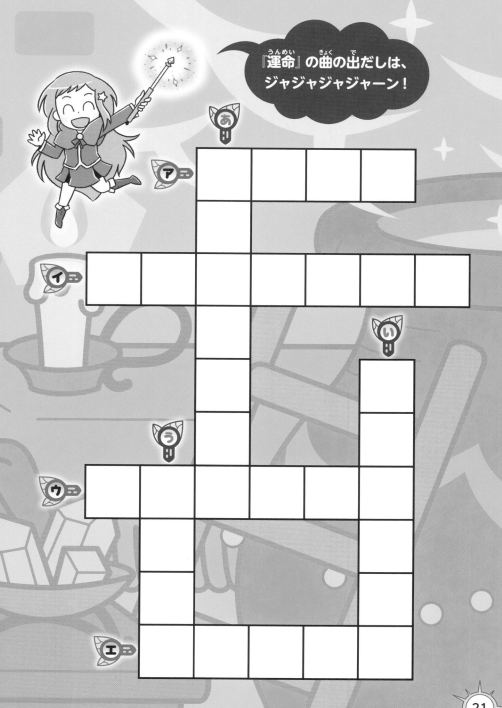

『運命』の曲の出だしは、ジャジャジャジャーン！

レベル ★☆☆☆

たてのカギ

あ 社会
図書館や公園、博物館などをまとめて
□□□□□しせつというよ。

い 国語
次の漢字を読もう。「飲食店」

う 理科
かん電池には、□□□□□□と
マイナス極があるね。

え 社会
右の図は、
何を表す地図記号かな？

よこのカギ

ア 社会
この地図記号は何？
ここに荷物や手紙を持っていくと、
かわりにとどけてくれるよ。

イ 算数
半径8cmの円の直径は、何cm？

ウ 理科
温度をはかる道具のことを何という？

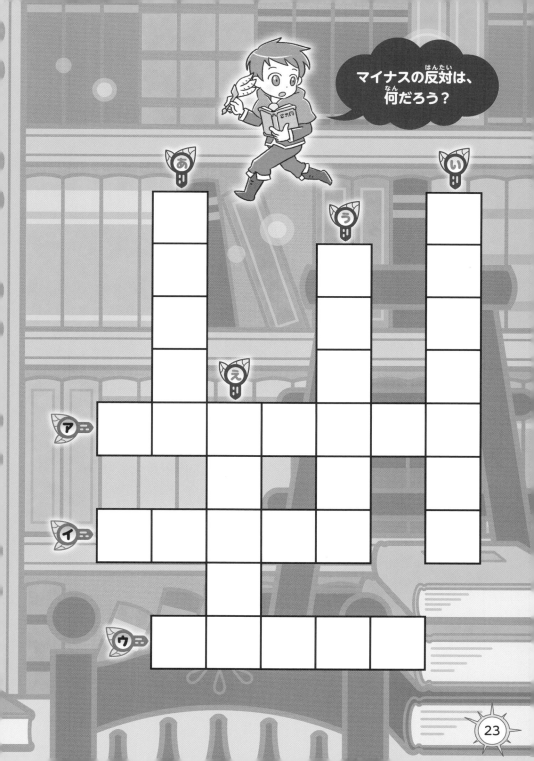

マイナスの反対は、何だろう？

23

たてのカギ

国語 次の漢字を読もう。「大西洋」

理科 モンシロチョウやアゲハチョウの仲間。
さなぎになるときに周りにまゆを作り、
そのまゆからきぬ糸がとれるよ。

社会 昔の人が、衣類をあらうのに使っていた
板じょうの道具のことだよ。

体育 ピエロがつなわたり。
体の□□□□をうまくとって進んでいるね。

よこのカギ

算数 1Lは1mLの何倍かな？

国語 「失敗」の反対の意味を持つ言葉は何？

社会 おまわりさんがいつもいる場所。
家の近くにあると安心だね。

理科 サンドペーパーのこと。ざらざらしていて、
鉄の表面などもけずれるよ。

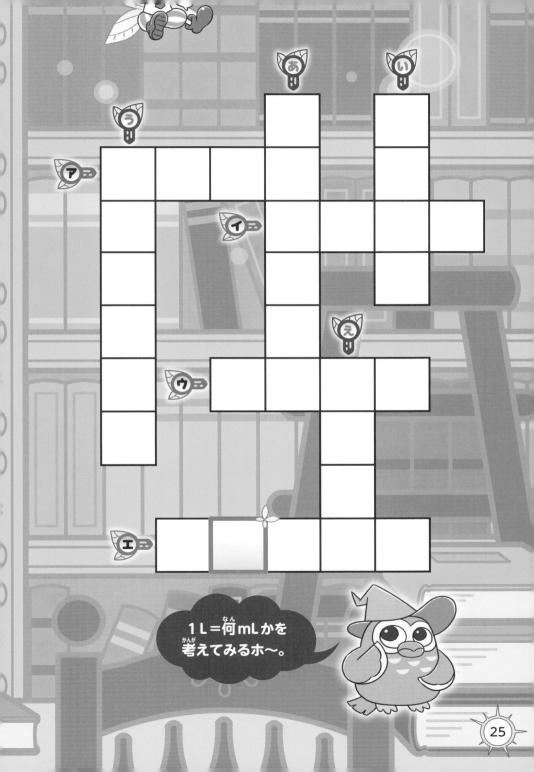

1L＝何mLかを
考えてみるホ〜。

25

たてのカギ

社会
火事を知らせる電話番号は、何番？

国語
次の言葉のうち、国語辞典で
3番目に出てくるのはどれ？

りょうし　りょうり　りょうめ

算数
右の図の■の部分は、
全体の何分のいくつかな？

国語
次の3つの漢字に共通する部首は？
「使」「他」「係」

よこのカギ

理科
夏に黄色い花がさく、せの高い植物。
リスはこの種が大好きだよ。

算数
「20×3＝□」　□に入る数字は？

算数
2つの辺が同じ長さの三角形を、
□□□□□三角形というよ。

図工
板にくぎを打ったり、木と木をくぎでつない
だりする用具。「かなづち」の仲間だよ。

社会

地図記号クイズ

次の説明が表す場所と地図記号を右に書こう。

① ぎむ教育を行う場所。
6〜12才、13〜15才の子どもが通うよ。

② □□□□しょでは、わたしたちの安全を
守るために、いろいろな人が働いているね。

③ さいばん官がつみをおかした人をさばいたり、
問題をかい決したりする場所だよ。

④ さまざまなせい品や食品などを作ったり、
加工したりする場所。機械がいっぱい！

⑤ お米をさいばいするための土地だよ。

⑥ おぼうさんがしゅ行などをする建物や
しせつ。ぶつぞうがまつられているよ。

⑦ 地いきの人がいろいろな手続きをする場所。
結こんするときも、ここに書るいを出すよ。

⑧ ここから消ぼう車がげん場に向かうよ。

地図記号って
たくさんあるホネ～。

場所（　　　　　　　　　）

記号

①

場所（　　　　　　　　　）

記号

②

場所（　　　　　　　　　）

記号

③

場所（　　　　　　　　　）

記号

④

場所（　　　　　　　　　）

記号

⑤

場所（　　　　　　　　　）

記号

⑥

場所（　　　　　　　　　）

記号

⑦

場所（　　　　　　　　　）

記号

⑧

こくご
国語

同音いぎ語を答えよう

次の□には、同じ読みだけどちがう意味の漢字が入るよ。□に答えを書こう。

① 家に［かえ］る・本を［かえ］す

② 人と［はな］す・手を［はな］す

③ 朝が［はや］い・足が［はや］い

④ 席が［あ］く・ドアが［あ］く

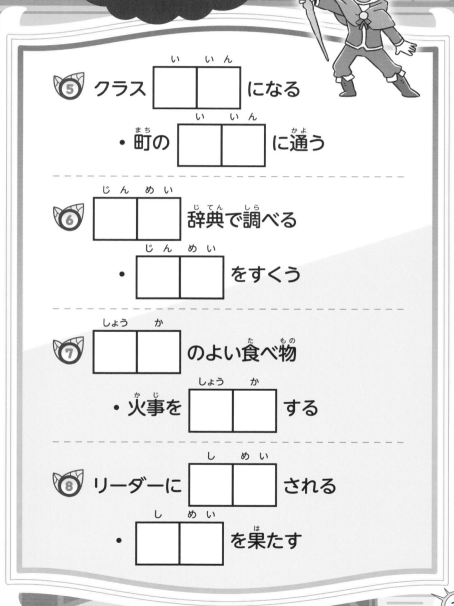

⑤ クラス [い][いん] になる

・町の [い][いん] に通う

⑥ [じん][めい] 辞典で調べる

・[じん][めい] をすくう

⑦ [しょう][か] のよい食べ物

・火事を [しょう][か] する

⑧ リーダーに [し][めい] される

・[し][めい] を果たす

英語

生き物の名前

次のイラストと単語を線で正しく結ぼう。

スパイダァ
● spider

  ●

タイガァ
● tiger

  ●

ラビトゥ
● rabbit

  ●

エラファントゥ
● elephant

  ●

パンダ
● panda

単語の上にあるカタカナが英語の発音だよ。太い文字の部分は強く発音しよう。

声に出して、
発音もしてみてね！

キャトゥ
● cat

シープ
● sheep

マンキィ
● monkey

ベ ア
● bear

マウス
● mouse

33

レベル ★★☆☆

～ たてのカギ ～

 理科 じしゃくの鉄を引き付ける部分は
2種類あるよ。S極⇔□□□□□。

 社会  □□□□□□、マッチ1本、火事の元！

 社会 ケガ人や病人を、病院へ運ぶ車のことだよ。

 国語 次の漢字は何画かな？ 「号」

～ よこのカギ ～

 社会 野菜などを育てるときは、
まずこれを育てるよ。

 国語 機関車などが鳴らす笛。じょう気をあげて、
「ポッポー！」と大きな音を出すよ。

 国語 次の漢字は何画かな？ 「客」

 算数 8時40分に家を出て、
駅に着いたのが9時5分だったよ。
家から駅までは、何分かかったかな？

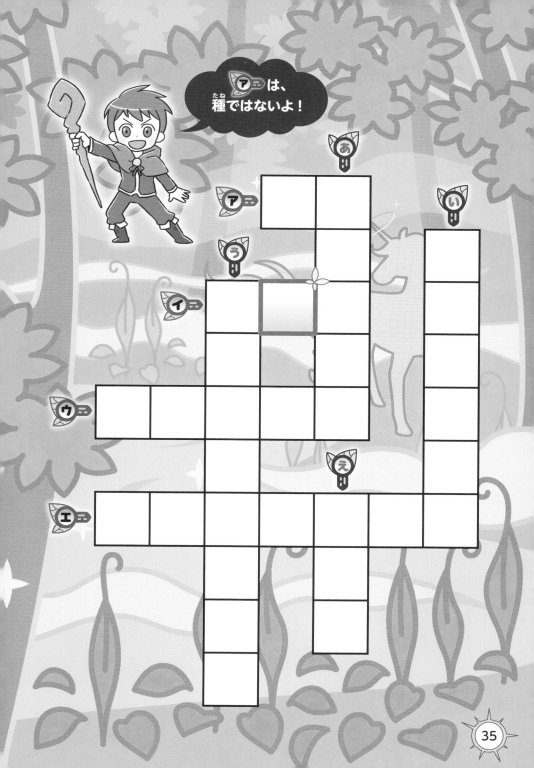

たてのカギ

円の真ん中の点のこと。
円の□□□□□というよ。

カタツムリの形のような金管楽器。
ラッパよりも大きいよ。

次の3つの漢字に共通する部首は？
「箱」「笛」「筆」

夏から秋に花がさく植物。
実がじゅくすと自然にはじけ、
種が飛んでいくよ。

よこのカギ

金ぞくの種類の1つ。1円玉の材料はこれ！

何かと対立した関係にあること。
ぎゃくの意味の言葉は「さんせい」だよ。

「15896723」の「1」は何の位の数字かな？

いきおいよく地面をけって足の方から回り、
上半身を鉄ぼうの上へ引き上げるわざだよ。

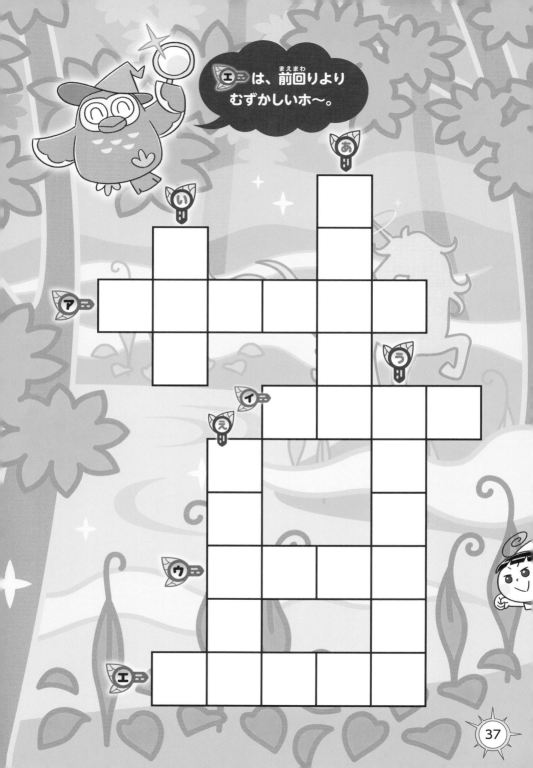

クリア！
クリア！
18　19　20　21　25　26　24　27
16　17　22　23

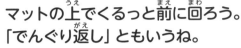
レベル ★★☆☆

～ たてのカギ ～

体育
マットの上でくるっと前に回ろう。
「でんぐり返し」ともいうね。

社会
みんなの安全を守るために、けいさつ官や
地いきの人がやってくれているよ。

音楽
木の音板をけんばんのようにならべた
打楽器は、木きん。
では、金ぞくの音板をならべたものは？

～ よこのカギ ～

社会
みんなのくらしをささえるために、
国民で出し合うお金のことだよ。

社会
さまざまな商品は、お店だけでなく
□□□□□□を通じて買えるよ。

図工
工作にも便利なとうめいのよう器。
ジュースを飲んだら、あらって取っておこう。

国語
明日の天気を知りたいときに、
テレビや新聞、インターネットなどで
チェックするものは？

あ

ア

い

イ

う

ウ

エ

雨がふりそうな日は、かさを持ち歩こうね。

39

レベル ★★☆☆

たてのカギ

理科 この道具は何かな？
小さな電球だよ。

算数 1分30秒＝□秒。
□に入る数字は？

国語 次の3つの漢字に共通する部首は？
「談」「詩」「調」

よこのカギ

プログラミング パソコンをそうさする、
ネズミみたいな形をした道具のことだよ。

理科 右の図の□の部分は何？

葉
根

音楽 フルート、クラリネット、ピッコロ、
これらの楽器は何というかな？

社会 歩行者が道路を安全にわたるために使うよ。

青信号が点めつしたら、
わたっちゃだめだよ！

レベル ★★☆☆

～ たてのカギ ～

あ 社会
おそい時間でも買い物ができる「コンビニ」。
りゃくさずにいうと？

い 算数
「□÷5＝15」　□に入る数字は？

う 理科
つかまえると、クルッとおだんごみたいに
体を丸めるよ。植木ばちの下によくいるね。

え 国語
次の3つの漢字に共通する部首は？
「根」「板」「橋」

～ よこのカギ ～

ア 図工
小さなはもののこと。
これで材料を切ったり、けずったりするよ。

イ 社会
この地図記号は何？
リンゴやナシなど、
果物の木が植えられているよ。

ウ 図工
輪っかになったゴムで、
いろいろな物を束ねられるよ。

エ 音楽
トランペットににているけど、
もっと大きい金管楽器のことだよ。

あ は最後に「すとあ」が付くホー！

43

たてのカギ

あ 理科
温度計の目もりを読むときは、
温度計と目線を□□□□□にして見よう。

い 算数
$\frac{2}{3}$の3は分母。では、2は何という？

う 音楽
2まいの金ぞくの円ばんを打ち合わせて、
音を出す楽器だよ。

え 図工
きりには「3つ目ぎり」と
「□□□□□」があるよ。
はの先の形がちがうね。

よこのカギ

ア 理科
よう虫がさなぎになって、
さらに皮をぬぐと何になる？

イ 国語
次の2つの漢字に共通する部首は？
「館」「飲」

ウ 国語
次の文の＿を、反対の意味の言葉にすると？
「この荷物は重いです。」

エ 社会
右の絵は何かな？
エンジンではなく、
人の力で動かす車だよ。

は「館」「飲」の左側の
部首を音読みにしてみてね。

45

レベル ★★☆☆

～ たてのカギ ～

理科 こん虫がさなぎになってから、
成虫になることを完全変たい。では、
さなぎにならずに成虫になることは？

算数 「13」を100倍した数は何？

社会 何かこわいことがあったら、
このシールがはってある家などへにげよう！
「子ども□□□□□□□」

算数 32このミカンを8人で分けると、
1人いくつになるかな？

～ よこのカギ ～

理科 目覚まし時計は、これが入っているものが
多いよ。単3形、単4形などがあるね。

社会 神様がまつられている場所。
1000年も前から続くものもあるよ。

社会 電気は□□□□□会社が
きょう給しているよ。

音楽 歌の間に、息をすいこむことは？

たてのカギ

食料品や日用品を売っているお店。
短くすると「スーパー」だよ。

このチョウの種類は何？

げん金を持っていなくても、
後ばらいでしはらいができるカードのこと。

バスケットボールで、てきに囲まれた！
ボールを味方に□□しよう！

よこのカギ

1.5の「.」の部分を何というかな？

次の文のうち、主語はどれ？
「母は明日、父と買い物に行く。」

「さいた、さいた、□□□□□□の花が〜♪」
の歌にもなっている、春の花。

けいさつ官が乗っている自動車は？

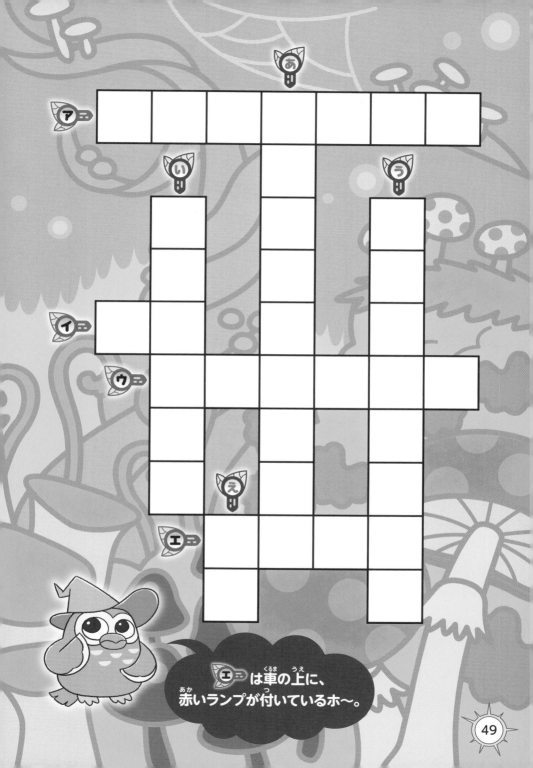

あ

ア

い

う

イ

ウ

え

エ

エ は車の上に、
赤いランプが付いているホ〜。

49

レベル ★★☆☆

～ たてのカギ ～

あ 国語
「表面」という漢字は「おもてめん」の他に
何と読めるかな？

い 体育
寒いときに、よくやる遊び。
おされて泣くな♪

う 国語
「待」の漢字の部首は何？

え 体育
小さくかがんだ人を、
とび箱のようにとびこえるよ。

～ よこのカギ ～

ア 社会
交差点や信号がない長い道路。
ふつうの道路より、せいげん速度が速いよ。

イ 理科
北や南など、方位を調べることができる
道具。コンパスともいうね。

ウ 音楽
楽器をえんそうするときの
指の動きのことだよ。

え には動物の
名前が入るよ。

❧ たてのカギ ❧

 音楽
右の図の○の部分の
記号の名前は何？

 社会
自分の住んでいる地いきでとれた
農産物や水産物を、買って食べることだよ。

 体育
「立ち」と「走り」がある陸上きょうぎ。
ふみ切りラインから、思いっきりジャンプ！

 国語
次の漢字を読もう。「局地」

❧ よこのカギ ❧

 社会
火事が起きたときにいち早くげん場に
かけつけ、火を消してくれる人は？

 社会
□□□□館では、れきし的な物や
しりょうをほかん、てんじしているよ。

 理科
1月7日に、これを入れたおかゆを食べる。
ナズナやセリなど、
7種類の植物をまとめて何というかな？

 理科
白い羽が特ちょうのチョウ。
キャベツ畑でよく見かけるね。

赤い消ぼう車で
やって来てくれるね！

53

レベル ★★☆☆

～ たてのカギ ～

理科
頭、むね、はらの３つに分かれ、
むねに６本の足がある生き物を何という？

社会
食品がおいしく食べられるきげんのことだよ。

社会
電力を作っているしせつのことだよ。

国語
「習」は訓読みで「なら（う）」。
では、音読みでは？

～ よこのカギ ～

理科
鉄を引き付ける道具。Ｓ極とＮ極があるよ。

国語
空間の真ん中のこと。
「広場の□□□□□に集まる。」

理科
この道具は何かな？
のせた物の重さを
はかるものだよ。

国語
子ども向けのお話のこと。
グリム□□□などがあるよ。

電力を作ることを
何というホ〜？

虫食い2字じゅく語

□に1文字の漢字を入れて、4つの言葉を完成させよう。矢印（➡）の方向に読むよ。

例題

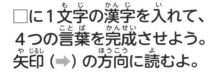

朝
↓
休 ➡ 日 ➡ 記
↓
直

①

全
↓
中 ➡ □ ➡ 長
↓
軽

②

感
↓
行 ➡ □ ➡ 作
↓
物

③

開
↓
活 ➡ □ ➡ 売
↓
進

④

決
↓
合 ➡ □ ➡ 外
↓
図

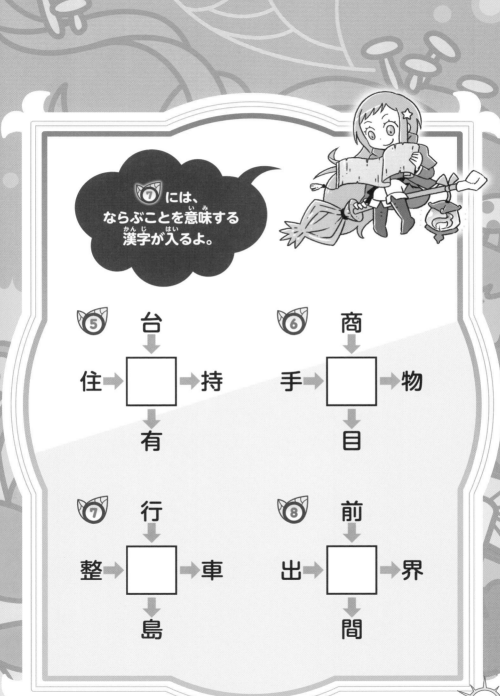

算数

数字クロスワード

次の問題をといて、右のマスに数字で答えを書こう。

 1km800mは何m？

 直径12cmの円の半径は、何cmかな？

 次の計算の答えは？　「14×30＝□」

 ゆかさんは570円持っています。
今日、お母さんから360円もらいました。
ゆかさんは今、いくら持っているかな？

 11時40分にお店に入って、
出たのが12時20分だったよ。
お店にいたのは、何分間？

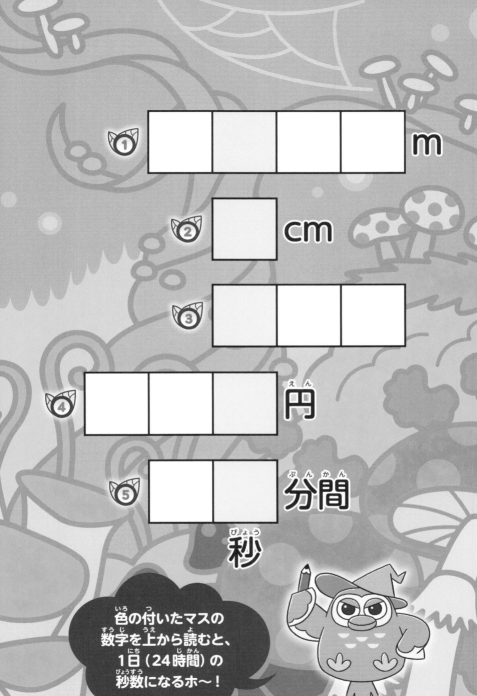

①　□□□□ m

②　□ cm

③　□□□

④　□□□ 円

⑤　□□ 分間

秒

色の付いたマスの
数字を上から読むと、
1日（24時間）の
秒数になるホ〜！

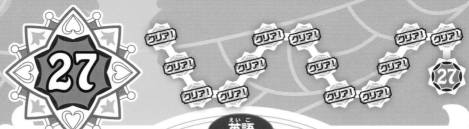

27

クリア！ クリア！ クリア！ クリア！ クリア！
クリア！ クリア！ クリア！ クリア！
クリア！ クリア！ クリア！ クリア！

27

英語

食べ物の名前

次のイラストと単語を線で正しく結ぼう。

ピーチ
● peach

① ●

アニョン
● onion

② ●

アプル
● apple

③ ●

ストゥローベリィ
● strawberry

④ ●

キャラトゥ
● carrot

単語の上にあるカタカナが英語の発音だよ。太い文字の部分は強く発音しよう。

日本語、英語、リンゴ！
なんちゃって！

プ ディ ン グ
● pudding

ヌ ー ド ゥ ル
● noodle

ハ ン バ ー ガ ァ
● hamburger

ケ イ ク
● cake

ピ ー ツァ
● pizza

レベル ★★★☆

～ たてのカギ ～

「アプリ」をりゃくさずにいうと、何というかな？

次の言葉のうち、国語辞典で3番目に出てくるのはどれ？

すみれ　すみか　すみび

南極の氷がとけて、海の水がふえてしまうのは、地球□□□□□のせい！

～ よこのカギ ～

水に入れると白いけむりが立つ。アイスクリームを買ったときについてくるよ。

何度もくり返して物を使うことを何というかな？

荷物を入れる茶色い紙の箱のこと。工作にも大活やくだね。

$\frac{1}{2}$ は真分数。では、$\frac{3}{2}$ は何という？

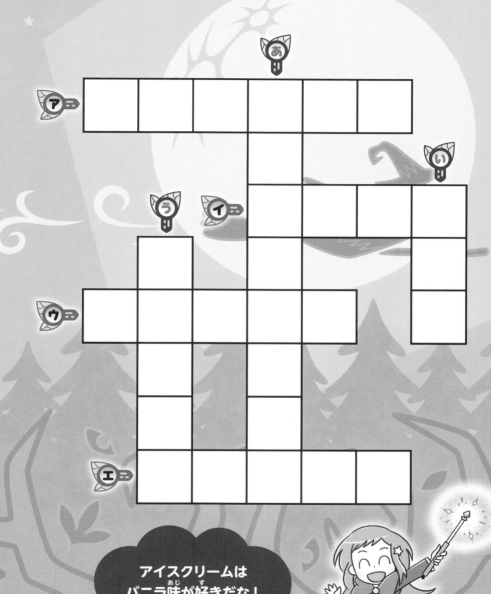

アイスクリームは
バニラ味が好きだな!

レベル ☆☆☆☆

～ たてのカギ ～

あ 理科（りか）
ベテルギウス、シリウス、プロキオンの
一等星（いっとうせい）を結（むす）んでできる三角形（さんかくけい）を
「冬（ふゆ）の□□□□□□」というよ。

い 算数（さんすう）
78624人（にん）は、約何万人（やくなんまんにん）？

う 体育（たいいく）
マット運動（うんどう）や鉄（てつ）ぼう運動（うんどう）のことを
「□□□運動（うんどう）」とよぶよ。

え 社会（しゃかい）
青森県（あおもりけん）、秋田県（あきたけん）、岩手県（いわてけん）、山形県（やまがたけん）、宮城県（みやぎけん）、
福島県（ふくしまけん）は、まとめて□□□□地方（ちほう）だね。

～ よこのカギ ～

ア プログラミング
パソコンやスマホにデータを受信（じゅしん）し、
コピーしてほぞんすることだよ。

イ 図工（ずこう）
右（みぎ）の絵（え）は何（なに）？
ガラスでできた平（ひら）たい玉（たま）で、
子（こ）どものおもちゃだよ。

ウ 国語（こくご）
文中（ぶんちゅう）の「、」「。」をまとめて何（なん）という？

エ 国語（こくご）
「包」は訓読（くんよ）みでは「つつ（む）」。
では、音読（おんよ）みでは？

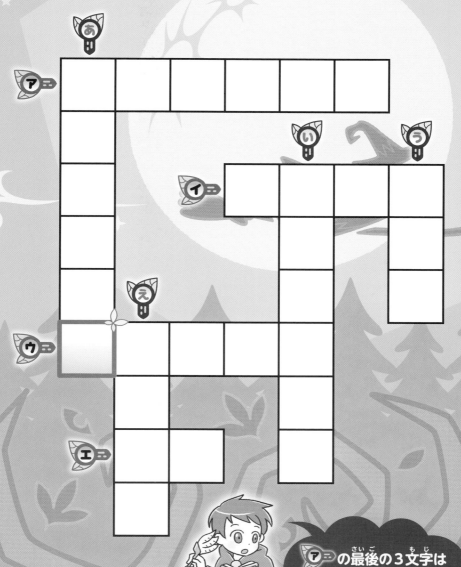

あ ア イ い う エ え ウ オ

ア の最後の3文字は「ろーど」だよ。

レベル ★★★☆

たてのカギ

 算数
右の図のような立体を
何というかな？

 プログラ
ミング
ゲームやアプリなどを動かすための、
手順になる仕組みのことだよ。

 社会
古くから、地いき特有の伝とう工芸品などを
生産している産業を□□産業というよ。

 算数
「73561294580000」の
「3」の数字の位は何？

よこのカギ

 国語
次の漢字は何画かな？ 「機」

 国語
次の＿の言葉の反対の意味を持つ
言葉は何？
「今日は暑い日ですね。」

 体育
とんだじょうたいから、
地面やゆかに足を着くことだよ。

 理科
星の明るさを表す等級のことで、
1番明るい星をこうよぶよ。

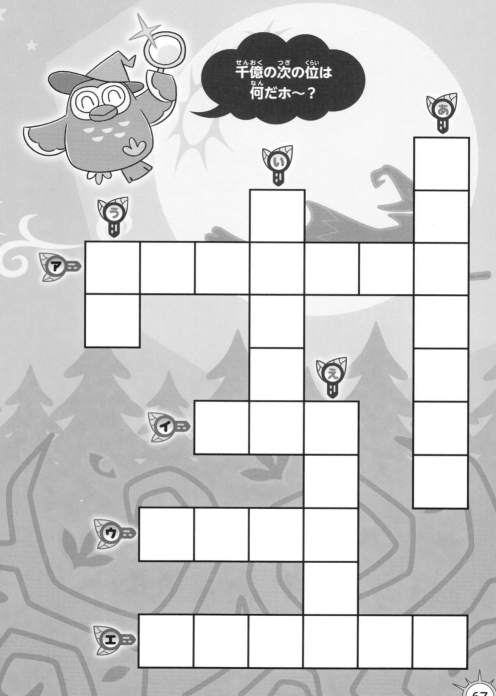

千億の次の位は何だホ～？

67

❧ たてのカギ ❧

植物や動物などの生き物が育つことを
□□□□□とよぶよ。

新潟県や石川県が面している日本の海は？

金かく寺や清水寺があるところ。
行ったら八ツ橋が食べたいなあ。

男の子が72人、女の子が18人います。
男の子は女の子の何倍かな？

❧ よこのカギ ❧

電気器具に電気をきょう給するための
せつ続器で、かべなどにあるよ。

人間のような頭のうをもつ
コンピューターぎじゅつや、
その研究のこと。「AI」ともよばれるね。

229□□□□、231未満の整数は、
230です。□□□□に入る言葉は何かな？

ビンやかんなど、しげんになるごみを、
加工して別のせい品に作りかえることだよ。

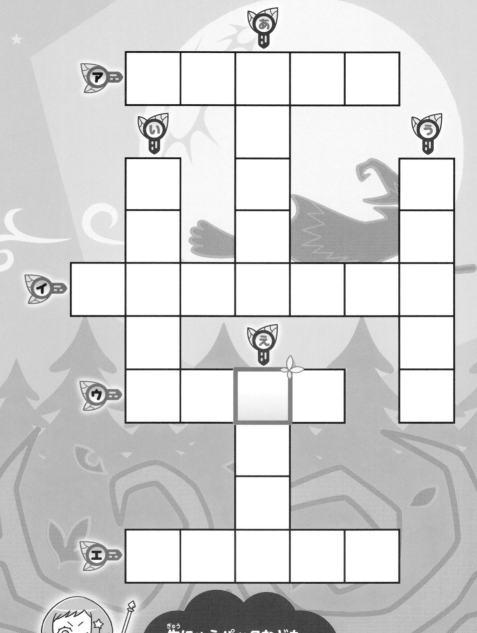

牛にゅうパックなども、さい利用されているよ！

レベル ★★★☆

～ たてのカギ ～

あ プログラミング
画面に出ているメニューに
指でふれるだけで、そうさができる
パネルのことだよ。

い 国語
自分の考えを正しいと思うこと、ほこり。
「この仕事に□□□□を持っている」。

う 社会
ラーメンや明太子が有名な□□□□県。
博多べんとよばれる方言があるね。

え 国語
毎年1月に行われる□□□□式。
ふりそですがたがきれいだね。

～ よこのカギ ～

ア 図工
ゴム印のことで、
文字やもようをつけることができるよ。

イ 理科
火をつけるための道具。
短いぼうの先をすって、火をつけるよ。

ウ 音楽
この音楽記号は何？
「強く」の意味があるよ。 𝆑

エ 社会
海と陸のさかい目の線のことを何という？

火をつけるときは、
注意してね。

たてのカギ

理科 アルコールをねん料とするランプで、実験などに使うよ。

国語 「コップの水がこぼれそうなので、（　　）運んだ。」の（　）に入る言葉はどれ？

> まったり　ひっそり　ゆっくり

社会 家具などの大きなごみのこと。ふとんや自転車もこれに当てはまるよ。

よこのカギ

音楽 この音楽記号は何？「弱く」の意味があるよ。

社会 このマークは、何というかな？

国語 「おなかがすいた。（　　）、おかしを食べた。」の（　）に入る言葉はどれ？

>
> だけど　だから　しかし

理科 植物のさいばいよう器の1種で、長方形のものが多いよ。

イ　はかんきょうにやさしい
商品などに付いているホ〜。

73

34

レベル ★★★☆

～ たてのカギ ～

あ 算数
あめが78こあるよ。6人で同じ数ずつ
分けると、1人何こになるかな？

い プログラミング
インターネット上で、一度にふく数の人と
短い文章でやりとりすることだよ。

う 理科
冬の寒い時期に、
クマなどが体温を下げてエサも食べずに、
ねているようにしてすごすことを何という？

え 社会
宮城県の県ちょう所ざい地はどこかな？

～ よこのカギ ～

ア 音楽
「秋の夕日に　照る山□□□」
秋の自然を歌った歌のタイトル。

イ 図工
右の道具は何かな？
木はん画で、木材を
けずるときに使うよ。

ウ 社会
地図で同じ高さのところを結んだ線のこと。
これを見ると、その場所の地形もわかるよ。

エ 社会
大雨がふっても川から水があふれない
ように、川の周りにきずいているよ。

赤い葉っぱが
きれいだな～。

レベル ★★★☆

～ たてのカギ ～

算数 (さんすう)
立体を切り開いた図のことを何という?

理科 (りか)
右の絵は何? 外の気温を
はかるために、しばふの上などに
置かれているもの。
中には温度計やしつ度計が入っているよ。

国語 (こくご)
次の地名の漢字を読もう。
茶畑が有名だね。「静岡」

国語 (こくご)
自分の意思をしめすために票を入れること。
学級委員を決めるときなどに行うよ。

～ よこのカギ ～

社会 (しゃかい)
このマークは、□□□□□□大しんさいの
あとに作られて、活用されているよ。

国語 (こくご)
「順」「願」
この2つの漢字に共通する部首は?

音楽 (おんがく)
合唱コンクールのとき、
先生がピアノで□□□□してくれた。

社会 (しゃかい)
火さいなどのきんきゅう時には、
□□□□ベルを鳴らして知らせよう。

あ い う

ア

イ

え

ウ

エ

イ は「順」「願」の右側の部首に注目しよう！

77

レベル ★★★☆

たてのカギ

あ 算数
数字の4以下を切りすてて、
5以上を切り上げることを何というかな？

い 社会
地いきで古くから守られている
重要□□□□□。
あなたの住む町にもあるかもね。

う 理科
電気の通り道は回路。
では、電気の流れのことは？

よこのカギ

ア 社会
家庭や工場などで使われた後の水は、
□□□□□□□場できれいにされて、
川や海に流されるよ。

イ 算数
150円のノートを1さつと、70円のえん筆を
5本買ったよ。代金は全部で何円になった？

ウ 国語
神社やお寺にお参りするために通る道を、
何という？

エ 国語
次のうち、送りがなが<u>まちがっている</u>
ものはどれ？

産れる　覚える　連なる

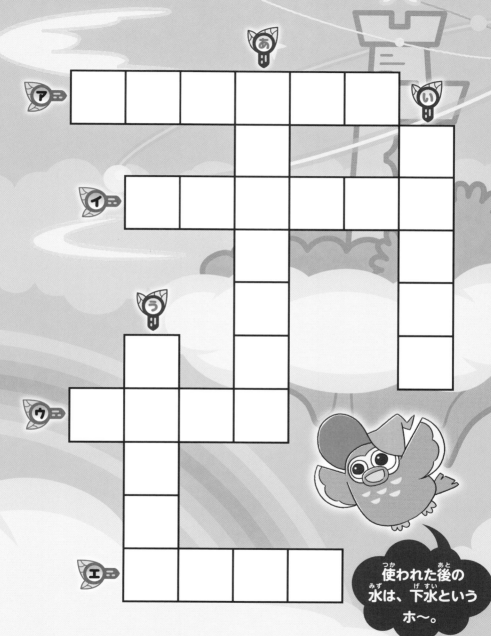

あ

ア

い

イ

う

ウ

エ

使われた後の
水は、下水という
ホ〜。

37

クリア！ クリア！ クリア！ クリア！ クリア！ クリア！ クリア！ クリア！ 39 40 38 37

レベル ★★★☆

たてのカギ

あ 社会
日本で1番大きな湖は？

い 理科
カエルのたまごからかえってきて、
ずっと水の中で泳いでいるものは何？

う 社会
水をたくわえている森林を
□□□□林というよ。

え 国語
次の文の（　）に入る言葉はどれ？
「先生の（　）の一声で決まった。」

かめ　ねこ　つる

よこのカギ

ア 国語
次の地名の漢字を読もう。
日本の1番南にある県だよ。「沖縄」

イ 算数
ジャガイモは1こ40円が120円に、
サツマイモは1本100円が200円に
なったよ。どちらの方が、ね上がりした？

ウ 社会
文化やスポーツで2つの都市が
交流すること。友好都市ともいうよ。

エ 図工
洋服の材料で、キラキラしたかざりのこと。
歌手の衣しょうにもよく使われているよ。

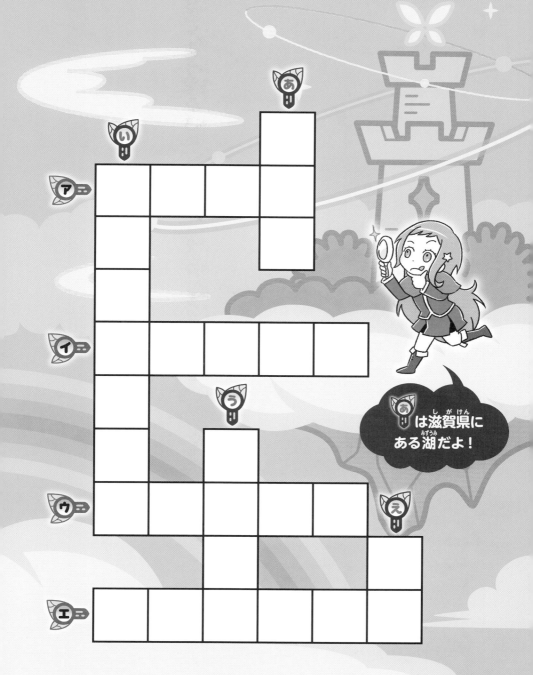

あ は滋賀県にある湖だよ！

38

クリア！ クリア！ クリア！ クリア！ クリア！ 38 39 40
クリア！ クリア！ クリア！ クリア！

社会
しゃかい

どこの国の国旗？
くに こっき

次の国旗はどこの国のものかな？
つぎ こっき くに
（　）に国名を書こう。
こくめい か

（　　　　　　　）

ヒント 首都はワシントン。
しゅと
50の州があるよ。
しゅう

（　　　　　　　）

ヒント 首都はロンドンで、
しゅと
「こう茶の国」といわ
ちゃ くに
れているよ。

（　　　　　　　）

ヒント 主食は和食。国旗にか
しゅしょく わしょく こっき
かれているのは日の
ひ
丸だね。
まる

（　　　　　　　）

ヒント 世界で1番、人口が多
せかい ばん じんこう おお
い国だよ。
くに

は、
サッカーが強い
ことでも、有名だね。

(　　　　　　　　)

ヒント　地図でアメリカの上
にある国。メープルシ
ロップが名産だよ。

(　　　　　　　　)

ヒント　日本から見て、地球の
反対側にある国だよ。

(　　　　　　　　)

ヒント　地球の南の方にある
大陸。コアラなど、動
物がいっぱい！

(　　　　　　　　)

ヒント　首都はソウル。キムチ
など、からい食べ物が
有名だね。

83

39

国語

ことわざ・かんようく

□に入る言葉を答えて、ことわざや、かんようくを
完成させよう。答えは右のマスに書いてね。

～ たてのカギ ～

あ 「早起きは□□□□のとく」とは、
早く起きるとよいことがあるという意味だよ。

い いくら言っても、全くきき目がないこと。
「あの人に何を言っても、
　馬の耳に□□□□だ。」

う ねているふりをすること。
「あれはぜったいに□□□ね入りだ。」

～ よこのカギ ～

ア いつもとちがって、大人しい様子でいることを
「かりてきた□□」というね。

イ 自分にとってじゃまなそんざいの例え。「運動会
で勝つには、赤組が目の上の□□□□だ。」

ウ 「能ある鷹は□□をかくす」とは、能力のある
人は、それをじまんしないという意味だよ。

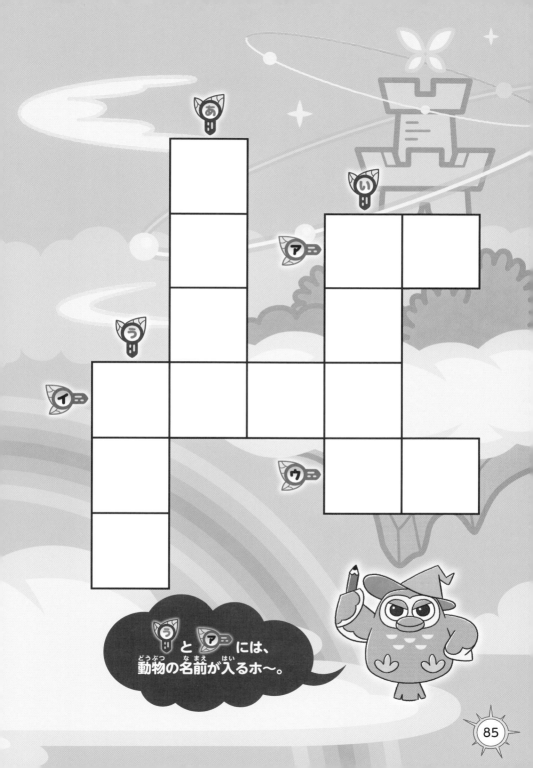

あ
い
ア
う
イ
ウ

うとアには、
動物の名前が入るホ〜。

40

英語

いろいろな物の名前

次のイラストと単語を線で正しく結ぼう。

イレイサー（ザ）
● **eraser**

ペンスル
● **pencil**

ステイプラァ
● **stapler**

ルーラァ
● **ruler**

マーカァ
● **marker**

単語の上にあるカタカナが英語の発音だよ。太い文字の部分は強く発音しよう。

せい服は英語で
uniform っていうよ。

ショーツ
● shorts

  ●

シャートゥ
● shirt

  ●

キャップ
● cap

  ●

ブーツ
● boots

  ●

パンツ
● pants

41 42 43 44 45 46 47 48 49 50 51 52 53 54

レベル ★★★★☆

～ たてのカギ ～

 あ 社会（しゃかい）
香川県（かがわけん）の県（けん）ちょう所（しょ）ざい地（ち）は
□□□□市だね。

 い 算数（さんすう）
右（みぎ）の図（ず）のような
四角形（しかくけい）を何（なん）というかな？

 う 算数（さんすう）
次（つぎ）の計算（けいさん）の答（こた）えは何（なに）？
$120 ÷ (5 + 25) = □$

 え 国語（こくご）
「起立（きりつ）」の反対（はんたい）の意味（いみ）を持（も）つ言葉（ことば）は何（なに）？

～ よこのカギ ～

 ア 社会（しゃかい）
日本（にほん）の東側（ひがしがわ）にある大（おお）きな海（うみ）は？

 イ 国語（こくご）
「□□が合（あ）う」とは、相手（あいて）とせいかくや
気（き）が合（あ）うという意味（いみ）。□□に入（はい）るのはどれ？

やま　うま　くま

 ウ 図工（ずこう）
作品（さくひん）をかざって、
一（いっ）ぱんの人（ひと）に観（み）てもらうことだよ。

 エ 国語（こくご）
次（つぎ）の地名（ちめい）の漢字（かんじ）を読（よ）もう。
なっとうが名産（めいさん）だよ。「茨城」

うはどこから計算するといいのかな？

89

レベル ★★★★

たてのカギ

あ 算数 右の平行四辺形を
見て答えてね。辺イウの
長さは何cmかな？

ア　　5 cm　　エ

イ　　　　　ウ

い 理科 たまごからかえった
ばかりの鳥の子どものことで、
暑くなるころに巣立ちすることが多いよ。

う 理科 とじこめて力を加えると、
体積が小さくなるもの。
人が生きていくために必要だね。

え 体育 とび箱をとぶときは、ふみ切り板で
□□□□□をそろえてふみ切ろう！

よこのカギ

ア 社会 さい害が起きたとき、身を守れるように
ふだんからしっかり取り組もう。

イ 理科 次のうち、たまごで
冬をこすのはどっち？

ウ 音楽 人びとのくらしの中で生まれた歌の種類。
日本では『ソーラン節』が有名だね。

43

レベル ★★★★

～ たてのカギ ～

算数
次の計算の答えは何？
45＋9×4＝□

社会
47か所ある日本の県や府などのことを、まとめて何というかな？

国語
相手の言葉をそのまま言い返すことを「□□□返し」というね。

国語
春夏秋冬、4つの季節のことだよ。

～ よこのカギ ～

社会
自然さい害が起きたとき、どこにひ害が出るかを地図に表したものを□□□□マップというよ。

国語
「家か公園、（　　　）で遊ぶ？」の（　）に入るのは、どれ？

> こっち　そっち　あっち　どっち

社会
ごみは種類ごとに分けて出そう。ごみ□□□□□□車が集めてくれるよ。

社会
市と町と村をまとめていうと？

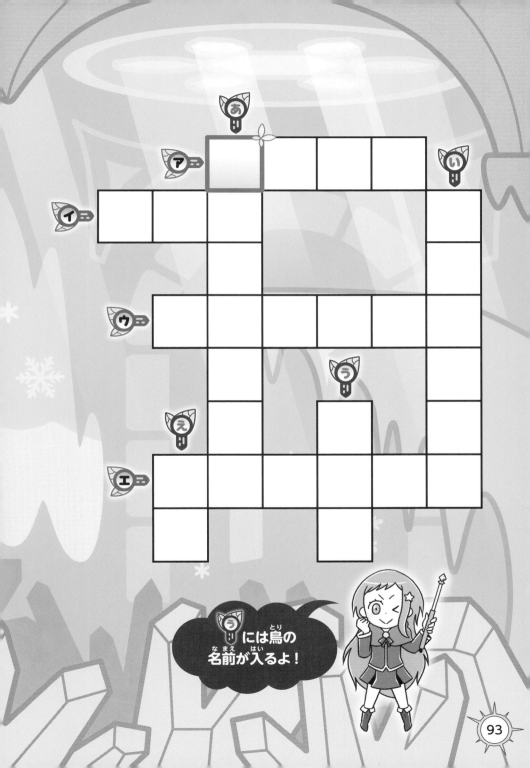

44

レベル ★★★★

たてのカギ

あ プログラミング
右の絵のような、ファイルの
中身や機のうを絵や図で
しめしたものを、何という？

い 体育
とんだり投げたりするときに、
いきおいをつけるために走ることだよ。

う 国語
次の地名の漢字を読もう。
あそ山という火山が有名だね。「熊本」

え 図工
のこぎりを横にひくことを横びき、
たてにひくことを□□□□というよ。

よこのカギ

ア 社会
国を守るための部隊で、
大地しんのときなどに活やくするよ。

イ 図工
この用具の名前は何？
木材などを作業台に
固定するために使うよ。

ウ 理科
電気のエネルギーを、運動のエネルギーに
変える働きをする機械のことだよ。

エ 理科
周りより気あつが高い部分を高気あつ、
では、気あつが低い部分は？

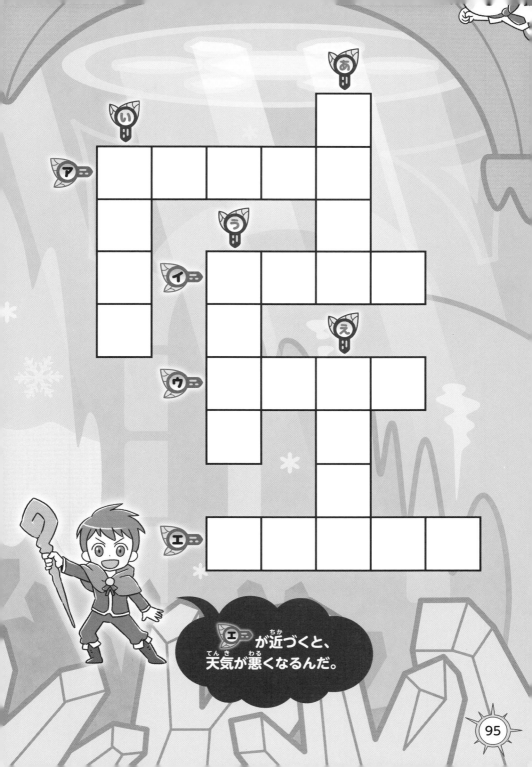

あ

い

ア

う

イ

え

ウ

エ

が近づくと、
天気が悪くなるんだ。

95

たてのカギ

あ 国語
「竹」「梅」「松」
この３つをならびかえてできるじゅく語は？

い 社会
たくさんの□□□□きゃくが来るように、
地いきでいろいろな工夫をしているよ。

う 算数
この道具は何？
角度をはかるためのものだよ。

え 社会
水道の水は、機械できれいにして
□□□□けんさをしてから
送り出されているよ。

よこのカギ

ア 社会
□□□□□□発電は、
屋根など日当たりのいい場所に
パネルを置いて発電するよ。

イ 国語
「努」「勇」
この２つに共通する部首は？

ウ 算数
$\frac{1}{2}$は真分数。では、$1\frac{1}{2}$は何という？

エ 国語
いくら先生がやさしくても、
ほとけの顔も□□□□だぞ！

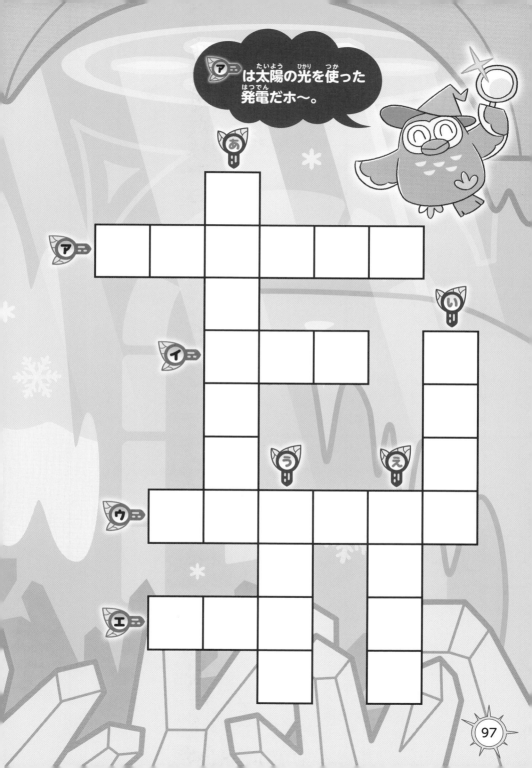

ア は太陽の光を使った発電だホ〜。

97

46

レベル ★★★☆

〜 たてのカギ 〜

あ 社会
しゃ面の土地が大雨などで
くずれ落ちてしまうことを何というかな？

い 国語
こん虫などを
そのままの形でほぞんしたもの。
学校の理科室にもあるかもね。

う 国語
「ねぼうをした。（　　　）、ちこくは
しなかった。」の（　）に入る言葉はどれ？

> そこで　しかし　つまり

〜 よこのカギ 〜

ア プログラミング
右の絵の道具を何というかな？
文字を打つときなどに使うよ。

イ 音楽
「半音上げる」という意味の
音楽記号で、「♯」と書くよ。

ウ 理科
かん電池2こで豆電球に
あかりをつけるとき、より明るくなるのは
□□□□□つなぎだよ。

エ 理科
体の色は赤や黄で、黒い水玉もようが
あるのが特ちょうのこん虫だよ。

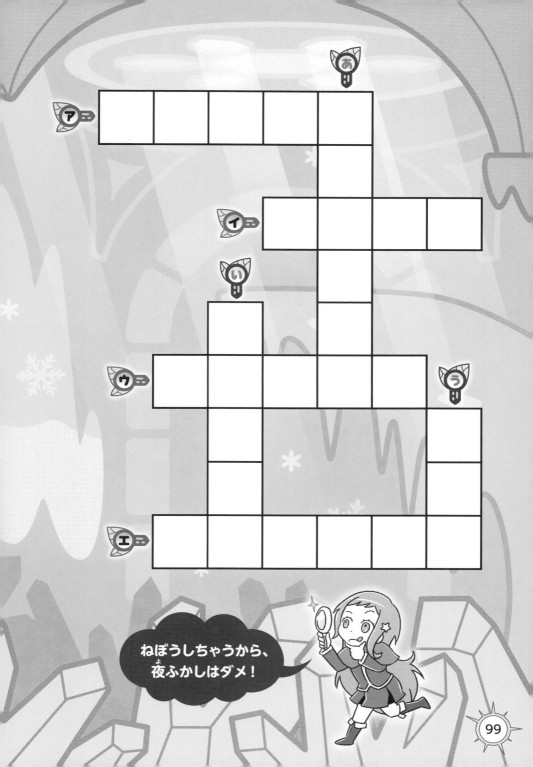

ねぼうしちゃうから、
夜ふかしはダメ！

47

～ たてのカギ ～

 社会
日本には大きな４つの島があって、
北海道、四国、九州とあと１つは何？

 社会
□□□□□□活動に参加して、
みんなでごみ拾いをしたよ。

 算数
右の図のような
四角形を何という？
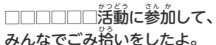

 理科
月の形は、新月→三日月→□□→満月と
変わっていくよ。□□に入るのは何？

～ よこのカギ ～

 社会
水をためたり、大雨のときに川の水量を
調整したりする働きを持つ場所のことだよ。

 理科
回路を流れる電流の向きと大きさをはかる
機械を、何という？

 音楽
同時にえんそうして、みんなで
リズム□□□□□□を作ってみよう。

 社会
ごみをもやしたときに出る□□を利用して、
電気を作ることもあるよ。

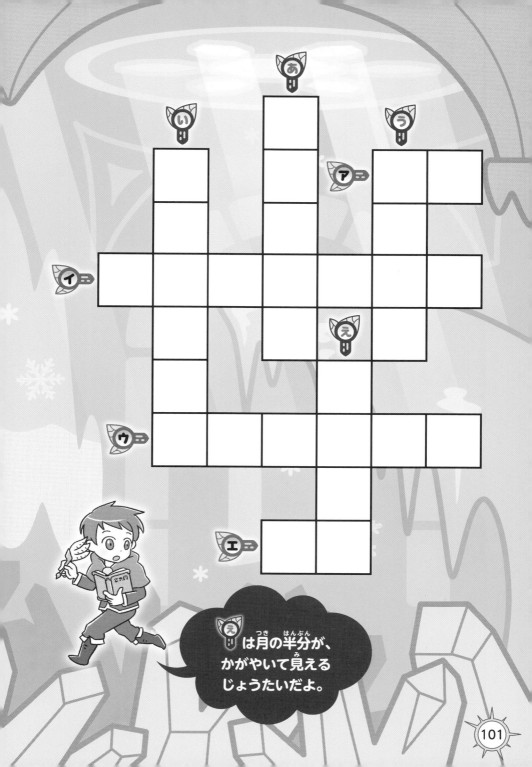

は月の半分が、かがやいて見えるじょうたいだよ。

48

レベル ★★★★

～ たてのカギ ～

体育
はばとびなどで、
とぶ直前につく足のことをこういうよ。

国語
「□□□車」「消化□□□」
共通して入る言葉は？

算数
「1356987540000」の
「9」の数字の位は何かな？

図工
文字を書いたり、色付けしたりするための
えき体。カラーペンにも入っているね。

～ よこのカギ ～

社会
風の力で、風車を回して発電することを
□□□□□発電というよ。

音楽
この楽器は何？
「□□□□□□□をこわしちゃった」
っていう歌もあるね。

社会
天気や地しん、火山などの観そくを
している機関のことを何という？

体育
ルールをやぶること。サッカーでこれを
すると、レッドカードをもらうことがあるよ。

レベル ★★★★

～ たてのカギ ～

マット運動で、前転しながらあしを開いて
立ち上がるわざを何という？

ユネスコという国さい機関が指定した場所。
守っていく必要があるいさんだよ。

紙の上でコロコロ転がして、
紙にもようを写すための用具の名前は何？

～ よこのカギ ～

多角形で、となり合わない2つの
ちょう点を結んだ線を何というかな？

水は温度によって氷になったり、
水じょう気になったりするよ。
目に見えて自由に形を変えられるときの
すがたを□□□□というね。

春のおとずれをつげる花で、
日本の代表的な植物だよ。

県に住む人びとの生活のために、
いろいろな取り決めなどをする場所を
□□□□□所ざい地というよ。

ウ といえば、
お花見だよね！

105

レベル ★★★★

たてのカギ

社会
日本の首都はどこかな？

プログラミング
ホームページに□□□□する。
ネットワークやシステムにせつ続する
という意味だね。

理科
水がじょう発して、気体になったもの。
目には見えないよ。

図工
はん画や習字に使う、
黒いインクを何というかな？

よこのカギ

理科
学校で実験をするとき、
水は100℃になると□□□□するよ。

理科
人の体には、
かたいほねとやわらかい□□□□があり、
□□□□がちぢんだりゆるんだりすると、
関節で曲がる仕組みになっているよ。

算数
「およその数」のことを何というかな？

社会
福岡県、大分県、長崎県、鹿児島県などを
まとめて□□□□□□地方というよ。

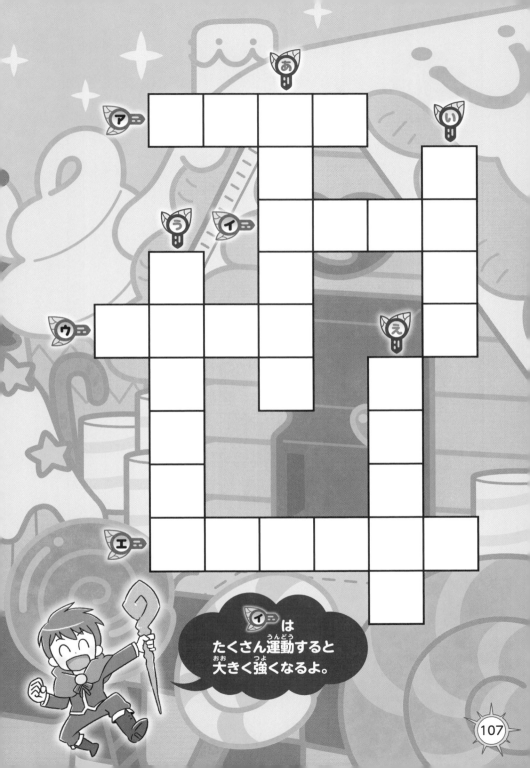

あ　い　う　え

ア　イ　ウ　エ

イ は
たくさん運動すると
大きく強くなるよ。

107

レベル ★★★☆

たてのカギ

社会（しゃかい）
きびだんごが有名（ゆうめい）な、中国地方（ちゅうごくちほう）の県（けん）は？

理科（りか）
右（みぎ）の絵（え）は何（なに）？
カマキリのたまごが
入（はい）っているふくろだよ。

音楽（おんがく）
音楽（おんがく）の記号（きごう）で、
音（おと）を短（みじか）く切（き）ってえんそうするという意味（いみ）だよ。

国語（こくご）
いろいろなものを、種類（しゅるい）によって
区別（くべつ）すること。ごみの□□□□。

よこのカギ

ア 算数（さんすう）
右（みぎ）のようなグラフを
何（なん）というかな？

イ 音楽（おんがく）
両手（りょうて）に持（も）ってふる打楽器（だがっき）。シャカシャカと
音（おと）がする、ラテン音楽（おんがく）の楽器（がっき）だね。

ウ 社会（しゃかい）
地球温（ちきゅうおん）だん化（か）の原（げん）いんの1つに、
ニ□□□□□があるよ。

エ 音楽（おんがく）
横（よこ）にしてふく笛（ふえ）。
もとは木管楽器（もっかんがっき）の1つだけど、今（いま）は
金（きん）ぞくで作（つく）られることが多（おお）いよ。

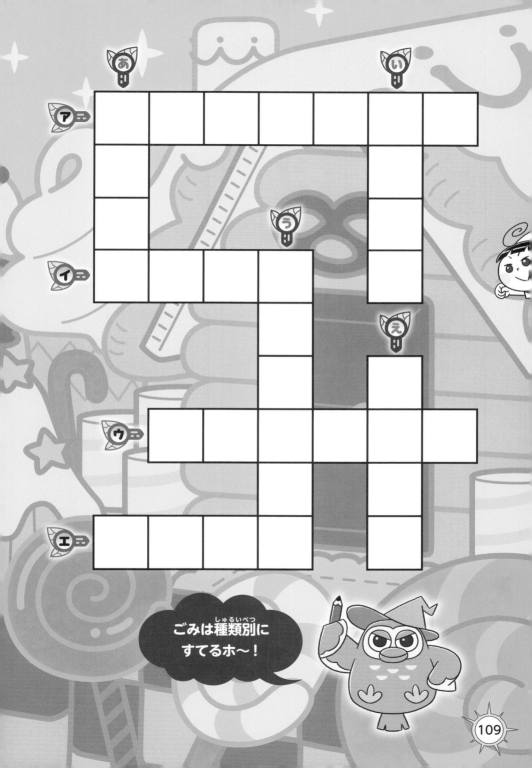

ごみは種類別に
すてるホ〜！

社会

地名を答えよう

次の ① ～ ⑧ が指す都道府県名を答えよう。
右のマスにひらがなで書いてね。

みんなが住んでいる
地いきはどのあたりかな？

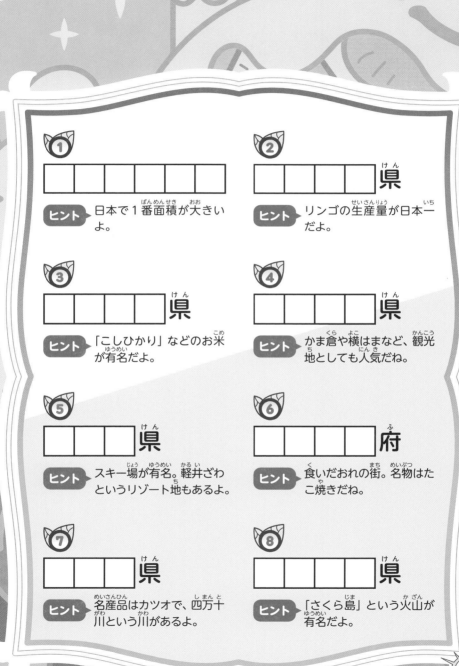

1

☐☐☐☐☐☐

ヒント　日本で1番面積が大きいよ。

2

☐☐☐☐県

ヒント　リンゴの生産量が日本一だよ。

3

☐☐☐☐県

ヒント　「こしひかり」などのお米が有名だよ。

4

☐☐☐県

ヒント　かま倉や横はまなど、観光地としても人気だね。

5

☐☐☐県

ヒント　スキー場が有名。軽井ざわというリゾート地もあるよ。

6

☐☐☐☐府

ヒント　食いだおれの街。名物はたこ焼きだね。

7

☐☐☐県

ヒント　名産品はカツオで、四万十川という川があるよ。

8

☐☐☐☐県

ヒント　「さくら島」という火山が有名だよ。

53

クリア！ クリア！ クリア！ クリア！ クリア！
クリア！ クリア！ クリア！ クリア！ クリア！ クリア！ クリア！

53
54

国語

４字じゅく語クイズ

□に漢数字を入れて
４字じゅく語を完成させ、
正しい意味と線で結ぼう。

例題 朝夕

意味：ひと朝やひとばんのような、
わずかな時間のこと。

 ①
□
石

□
鳥
●

 ②
□
人

□
色
●

 ③

□
期

□
会
●

 ④

□
苦

□
苦

●

 あ
人にはそれぞれ
ちがいがあること

 い
とてもつらい
じょうきょうのこと

 う
一つのことから
二つの利えきを
えること

 え
一生に一度の
出会いを大切に
すること

112

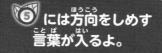

□に反対の意味の言葉を入れて４字じゅく語を完成させ、正しい意味と線で結ぼう。

例題 起死回生

意味：今にもダメになりそうな物事を立て直すこと。

⑤

往

□
往
●

⑥
肉

□
食
●

⑦
名

□
実
●

⑧
空

絶
□
●

ア
名ばかりで内ようがともなわないこと

イ
強い者が弱い者をしはいすること

ウ
今までに例がなく、今後もありえないこと

エ
あわててあたふたすること

113

54

クリア！ クリア！ クリア！ クリア！ クリア！
クリア！ クリア！ クリア！ クリア！
クリア！ クリア！ クリア！ クリア！

54

英語

あいさつ・感じょうの言葉

次のイラストと単語を線で正しく結ぼう。

①

グ（ドゥ）イーヴニング
● Good evening.

グ（ドゥ）モーニング
● Good morning.

②

グ（ドゥ）ナイトゥ
● Good night.

③

ヘ ロ ゥ
● Hello.

④

バ イ
● Bye.

単語の上にあるカタカナが英語の発音だよ。
太い文字の部分は強く、（ ）の部分は弱く発音しよう。

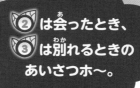は会ったとき、
は別れるときの
あいさつホ〜。

サンキュー
● Thank you.

アイム ハングリ
● I'm hungry.

ヤ ミー
● Yummy!

アイム スリーピィ
● I'm sleepy.

ゴウホウム
● Go home.

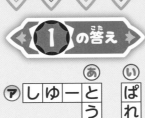

1 の答え

	あ		い	
㋐	し	ゅー	と	ぱ
	う		れ	
	ざ		っ	
	㋑ い	つ	と	ん
㋒		な		
あ	㋒じ	ん	こ	う
ん		ぼ	㋓	
㋔ ご	ひ	ゃ	く	ご	えん
			ー	
			る	

ABC 東西南北を英語1文字にすると、東＝E、西＝W、南＝S、北＝Nとそれぞれ表します。

たての答え

㋐ **東西南北**…方向をしめす方位を表します。昔の人は太陽や星の位置で方位を調べました。

㋑ **パレット**…パレットで絵の具をまぜるときは、1度に全部まぜず、少しずつ調整しましょう。

㋒ **暗号**…ひみつを守るために使う記号や言葉のこと。それを読みとくことを「かいどく」といいます。

㋓ **ゴール**…目指す目標のこと。マラソンやサッカー、ラグビーなど、スポーツでよく使われます。

よこの答え

㋐ **シュート**…バスケットボールやサッカーなどで、ゴールに向かってボールを打ちこむことです。

㋑ **1t**…1kgの1000倍は1000kgです。1000kg＝1tなので、答えは「1t」です。

㋒ **人口**…その国や地いきに住んでいる人の数。日本の人口は、約1億2千六百万人（2020年）。

㋓ **505円**…元のお金から、ノートの代金を引きましょう。660円－155円は505円です。

---

2 の答え

	あ			い
㋐	む	ら	さ	き	ち
	し			ょ
	め		う	つ
㋔	が		㋑ は	た	け
㋒ え	ね	る	ぎ	ー	い
	ん		ど	
	そ	㋓ は	し	る
	う			

📖 自分にとって乗りこえるのがむずかしい行動や言動のことを「ハードルが高い」といいます。

たての答え

㋐ **虫めがね**…小さな生き物や、植物のつくりなどを大きく見られます。目をいためるので、ぜったいに太陽を見てはいけません。

㋑ **直径**…円の中心を通る直線を直径といいます。直径の半分は半径です。

㋒ **ハードル**…スポーツの用具で、これを使ったハードル走はオリンピックきょうぎにもなっています。

㋓ **えんそう**…楽器を使って音楽をかなでること。その会は「えんそう会」とよびます。

よこの答え

㋐ **むらさき**…英語では「パープル」です。「すみれ色」「バイオレット」ということもあります。

㋑ **畑**…野菜やこく物を作る土地。田んぼとちがい、水をはらない土地です。

㋒ **エネルギー**…太陽からとどくものは「太陽エネルギー」といって、ソーラー発電はこれを利用したものです。

㋓ **走る**…「走った」は、かこ形です。元の形は「走る」になります。

3 の答え

人間が持つ4つの感じょう。よろこび、いかり、悲しみ、楽しみをまとめて「喜怒哀楽」といいます。

たての答え

あ 日時計…太陽の動きによって生じるかげの位置から、時こくを調べます。かげは1時間に15度ずつ動きます。

い 交通…人や物が行ったり来たりすること。じこを起こさないための心がけを、交通安全といいます。

う 悲しい…他の言葉は「幸せ」「育てる」が正しい送りがなです。

え 電柱…電柱を通して、電力会社から家庭や地いきに電気が送られます。これを「送電」といいます。

お すらすら…しゅうしょく語とは、文中の動きや物事をくわしく説明するための言葉です。

よこの答え

ア 高れい化…人口の中に、高い年れいの人がふえること。65才以上の人がふえた社会は「高れい化社会」といいます。

イ スイッチ…電気せい品や電子機器など、電気をあつかう物のほとんどで使用されています。

ウ ちらし…せんでんのために印刷して配る紙。新聞にはさんであったり、街で配っていたりします。

4 の答え

物事を開始するときは「始め」、物事の最初を指すときは「初め」の漢字を使います。

たての答え

あ ビート板…ビート板を持てば体がうくので、泳ぐことをサポートしてくれます。

い 1 km…1 mの1000倍は1000mです。1000m＝1 kmなので、答えは「1 km」です。

う ジャングルジム…学校や公園にあり、登ったりおりたりして遊びます。落ちないように、注意しましょう。

え クリック…マウスのボタンをおすこと。2回続けておすことを「ダブルクリック」といいます。

よこの答え

ア PTA…子どもたちのよい教育を進めるためにつくられた、ほご者と先生の集まりのことです。

イ ラグビー…イギリス生まれのスポーツです。ボールをうばい合って、相手のじん地にゴールします。

ウ とう立…とう立は上半身の力と、バランス感覚が重要。足をかべにつけて行う「かべとう立」は、よりかんたんな方法です。

エ 始まる…「始まった」は、かこ形です。元の形は「始まる」になります。

117

5の答え

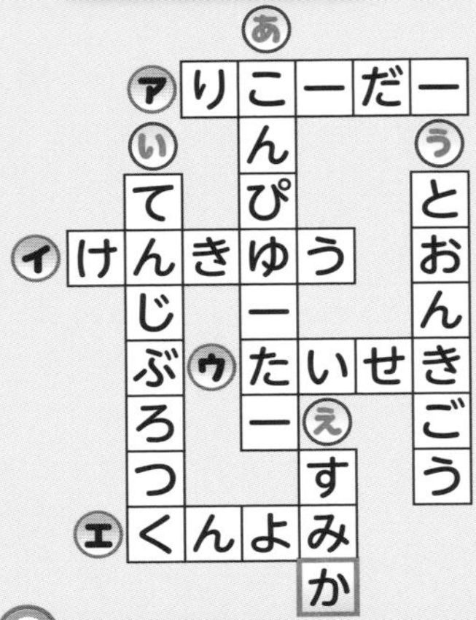
あ
ア りこーだー
ん
い う
て ぴ と
イ けんきゆう お
じ ー ん
ぶ ウ たいせき
ろ ー え ご
つ す う
エ くんよみ
か

黄色い点字ブロックが多いのは、しりょくの弱い人にとって、黄色が1番見やすいからです。

たての答え

あ **コンピューター**…データの加工や計算、文書作成など、さまざまな作業をすばやく大量に行える機械。「PC」とも表します。

い **点字ブロック**…目の不自由な人が安全に歩けるようにせっちされた、でっぱりのあるブロックです。

う **ト音記号**…五線ふに記す記号。下から2番目の線(＝第二線)が、ト音であることをしめします。

え **住みか**…動物やこん虫のなかには、決まった様子の場所だけを住みかにしているものがいます。

よこの答え

ア **リコーダー**…リコーダーは、たて笛ともよばれます。木やプラスチックで作られています。

イ **研究**…「研」も「究」も、深く調べるという意味を持つ漢字です。

ウ **体積**…体積が大きくなると、重さは重くなります。同じ体積のすなと小麦粉だと、すなの方が重いのです。

エ **訓読み**…訓読みは日本語にもとづく読み方、音読みは中国語にもとづく読み方です。

6の答え

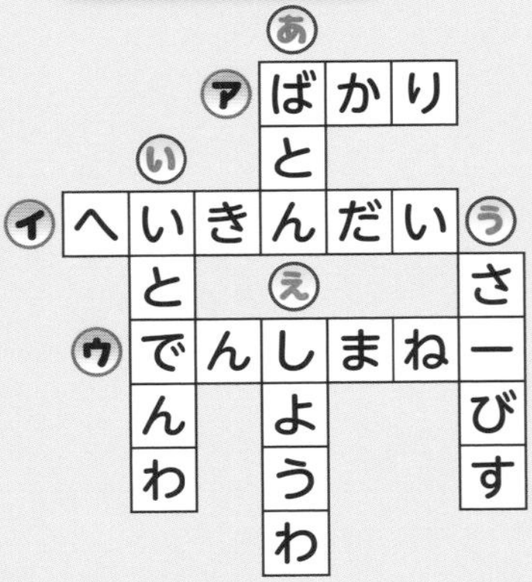
あ
ア ばかり
い と
イ へいきんだい う
と え さ
ウ でんしまねー
ん よ び
わ う す
わ

昭和の1つ前の元号は「大正」。その前は「明治」。海外の文化が入ってきたのは、明治のころです。

たての答え

あ **バトン**…リレーのバトンパスは、テイクオーバーゾーンというスペースの中で行わなくてはいけません。

い **糸電話**…糸電話は、糸のしんどうにより遠くまで声がとどく仕組みです。糸のとちゅうを指でつまむと、会話がとぎれます。

う **サービス**…品物を買った後でも受けられるしゅうりなどのサービスを「アフターサービス」といいます。

え **昭和**…1926年12月25日から1989年1月7日まで続いた、日本の元号です。

よこの答え

ア **ばかり**…台の上に物をのせると、目もりが動いて重さを量ります。

イ **へいきん台**…細長い木などでできた運動用具です。バランス感覚がきたえられます。

ウ **電子マネー**…カードやスマホなど、電子マネーに入金することを「チャージ」といいます。

7 の答え

	あ			
⑦	す	き	つ	ぷ
	た			
⑦	び	に	ー	る	は	う	す

（クロスワードパズル）

⑦ すきつぷ
た
⑦ びにーるはうす
と
ぼ
⑦ とらんぺつと
け
つ
⑦ としよかん

ベートーベンは20代から耳の病気が悪化し、40代で完全に聞こえなくなったといわれています。

たての答え

あ スタートボタン…コンピューターを終りょうするときも、このスタートボタンからそうさします。

い ベートーベン…近代音楽のもとを作った作曲家。『運命』『田園』『月光』などの名曲を残しました。

う ラケット…テニスやたっきゅう、バドミントンなどで使用します。バドミントンではボールではなく、シャトルコックという羽根を打ち返します。

よこの答え

⑦ スキップ…軽くとびながら進むことで、歩くときより速く進めます。

⑦ ビニールハウス…ビニールでおおいをして作った温室で、野菜や果物などを季節に関わらず育てることができます。

⑦ トランペット…高くするどい音が出る金管楽器。3つのピストン（おす部分）があります。

⑦ 図書館…さまざまな本やしりょうを集めてあるしせつ。主に、調べ物をするために使われます。

---

8 の答え

こうきょう
き
よ
⑦ ゆうびんきよく
よ
⑦ じゆうろく
い
⑦ おんどけい

ぷらす
えきよ
いんしよくてん

病院は英語で「hospital」。医者は「doctor」、かんごしは「nurse」といいます。

たての答え

あ 公共…公共しせつは、国や都道府県、市町村などが運えいする建物やせつびのことです。学校も公共しせつです。

い 飲食店…ご飯を食べたり、お茶を飲んだりするお店のことをまとめてこういいます。

う プラス極…電池のプラス極の方には、「＋」のマークが書いてあります。

え 病院…具合の悪い人を医者がしんさつしたり、治したりする場所。入院できる病院もあります。

よこの答え

⑦ ゆうびん局…ゆうびん、ちょ金、ほけんなどの仕事をあつかうところです。手紙や小包はゆうびん物といいます。

⑦ 16…直径＝半径の2倍なので、8cm×2で16cmです。

⑦ 温度計…温度計の下部分にあるえきだめにふれると、物の温かさがはかれます。

9 の答え

たての答え

あ 大西洋…ヨーロッパ、アフリカ、アメリカの3つ の大陸の間にある海のことです。

い カイコガ…カイコガからとれるきぬ糸は、昔から 衣類の原料として大切にされてきました。1ぴき から、1km以上の長さの糸がとれます。

う せんたく板…衣類などをあらう板。昔はせんたく たらいとせんたく板を使い、よごれを落としてい ました。

え バランス…へいきん台遊びは、体のバランスをと ろうとする力をきたえることができます。

よこの答え

ア 1000倍…1L＝1000mLなので、1000倍です。

イ 成功…「失敗」は目標が達成できない、「成功」は 目標が達成できるという意味です。

ウ 交番…町のところどころにある、おまわりさんが いる建物。はしゅつ所ともよびます。

エ 紙やすり…紙やすりのざらざらした部分は、種類 であらさがちがいます。けずるものによって使い 分けましょう。

> 失敗すれば、それをもとに反省 するので次は成功できることを 「失敗は成功のもと」といいます。

10 の答え

たての答え

あ 119…消ぼう機関への通ほう用として定められ た電話番号。けいさつ機関への通ほうは110番。

い りょうり…3つの言葉は「りょう」までが同じな ので、最後の1文字ではんだんします。

う 3分の2…図を3等分にしたうちの2つ分を指す ので、全体の3分の2です。

え にんべん…にんべんは「人」に関係のある漢字の 部首です。

よこの答え

ア ヒマワリ…黄色いものがいっぱん的ですが、白や むらさき色のヒマワリもあります。

イ 60…20×3は、20が3つなので60です。

ウ 二等辺…2つの辺が同じ長さの三角形は、二等辺 三角形。3つの辺が同じ長さだと、正三角形です。

エ げんのう…くぎを打つときは、打ち始めは平らな 面で、打ち終わりは反対側の丸い面で打ちます。

> ヒマワリは英語で「sunflower」。 sun＝太陽、flower＝花で、「太 陽の花」という意味です。

① 文
② ⊗
③ △
④ ☼
⑤ ‖
⑥ 卍
⑦ ◎
⑧ Y

🔍 地図記号は時代に合わせて形が変わり、使われなくなる記号や、新しく作られる記号があります。

🌸 答え

① 小・中学校…漢字の「文」を記号にしたものです。高等学校の場合、⊗になります。

② けいさつしょ…「✕」は、けいさつ官が持っているぼう（けいぼう）を交差させた形を表しています。周りの○を取ると「交番」の地図記号です。

③ さいばん所…昔のさいばん所が、さいばんの内ようなどを立てかん板で知らせていたことから、その形が記号になりました。

④ 工場…この記号は、工場で使われている機械の歯車の形を表しています。

⑤ 田んぼ…いねをかり取ったあとの形を記号にしたものです。

⑥ 寺院…「卍」は、日本では「まんじ」とよばれています。ぶっ教で使われる印です。

⑦ 市役所…市役所と東京都の区役所を表します。円は内側が細い線、外側が太い線です。

⑧ 消ぼうしょ…火を消すために昔使っていた「さすまた」という道具の形が元になっています。

① 帰・返
⑤ 委員・医院
② 話・放
⑥ 人名・人命
③ 早・速
⑦ 消化・消火
④ 空・開
⑧ 指名・使命

🔦 「あく」はこの他、「明く」もあります。「夜が明ける」といった、明るくなるときなどに使います。

🌸 30〜31ページの答え 🌸

① 帰・返…「帰」は人が元の位置にもどるとき、「返」は物が元の位置にもどるときに使います。

② 話・放…「話」は何かを言うときに使い、「放」は何かがはなれるときに使います。

③ 早・速…「早」は時間や時期がきじゅんより前の場合に、「速」は動きのスピードを表す場合に使います。

④ 空・開…「空」は空間などが生じるときに、「開」はとじていた何かが開くときに使います。

⑤ 委員・医院…「委員」は何かをまかされる人、「医院」は病院のことです。

⑥ 人名・人命…「人名」は人の名前のことで、「人命」は人の命のことです。

⑦ 消化・消火…「消化」は体内に取りこんだ物を変化させること、「消火」は火を消すことです。

⑧ 指名・使命…「指名」は人を指定すること、「使命」はあたえられた仕事のことです。

121

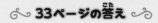

ネコの「ニャー」という鳴き声は、英語ではmew。羊の「メー」はbaaと表します。

32ページの答え

① → rabbit
② → spider
③ → panda
④ → elephant

スパイダァ spider
タイガァ tiger
ラビットゥ rabbit
エラファントゥ elephant
パンダ panda

33ページの答え

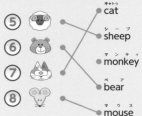

⑤ → sheep
⑥ → bear
⑦ → cat
⑧ → mouse

キャットゥ cat
シープ sheep
マンキィ monkey
ベァ bear
マウス mouse

rabbit…ウサギの色は日本では白、アメリカなどは茶色を連想する人が多いといわれます。
spider…ヨーロッパでは、クモをふんだ次の日は、雨がふるというめい信があります。
panda…パンダは白と黒のジャイアントパンダと茶色のレッサーパンダに分けられます。
elephant…アメリカなどでは、ゾウはとても記おく力のよい動物とされています。

sheep…sheepは大人の羊のことで、子羊のことはlambといいます。
bear…クマのぬいぐるみはテディベア。アメリカやヨーロッパの子どもたちに人気です。
cat…catは大人のネコのことで、子ネコのことはkittenといいます。
mouse…mouseは小さなネズミのことで、大きなネズミはratといいます。

14の答え

	あ		い
⑦なえ	き		ひ
⑦き	て	き	の
	ゆ	よ	よ
⑦き	ゆ	う	か	く	う
	き	え	じ
⑨に	じ	ゆ	う	ご	ふ	ん
	う	か
	し	く
	や

きゅう急車では、きゅう急きゅう命しという人が、病院に着くまでのしょちをしてくれます。

たての答え

あ N極…じしゃくにはN極とS極があります。ちがう極は引き合い、同じ極どうしだと、しりぞけ合います。

い 火の用心…火事をふせぐための地いきの人たちによる活動。このかけ声をしながら夜回りをします。

う きゅう急車…ケガ人や病人を病院へ運ぶ車。消ぼうしょで管理しているので、119番に電話します。

え 5画…「号」は、「口」の下のつくりの画数に注意しましょう。とぎれさせずに、一気に書きます。

よこの答え

⑦ なえ…種から芽を出したばかりの、小さな植物。木のなえのことは、「なえ木」といいます。

⑦ 汽笛…かまのじょう気をふき出させて、鳴らす笛です。主に信号や合図などに用いられます。

⑨ 9画…「客」は、うかんむりや、各の「口」の画数に注意しましょう。

⑨ 25分…10分単位で考えてみましょう。8時40分から9時までが20分。それに5分を足して25分です。

15 の答え

たての答え

(あ) **中心**…円の中心から円の周りまで引いた直線は、すべて同じ長さです。

(い) **ホルン**…長い金ぞくの管を丸くまいた形で、管の先が朝顔形に広がったラッパ。やわらかい音が特ちょうです。

(う) **たけかんむり**…たけかんむりは「竹」に関係のある漢字の部首です。

(え) **ホウセンカ**…ツリフネソウ科という種類で、花の色は赤、ピンク、白など多くの色があります。

よこの答え

(ア) **アルミニウム**…金ぞくの中でも軽くて加工しやすいので、アルミホイルやアルミかんなど、さまざまなものに使われます。

(イ) **反対**…「反」にはうら返る、「対」には相手になるという意味があります。

(ウ) **千万**…8ケタの数はおしりから、一、十、百、千、万、十万、百万、千万の位です。

(エ) **さか上がり**…鉄ぼうのわざの1つ。地面を強くけり、体を鉄ぼうに近づけることが重要です。

クロスワードの答え:

	い		あ		
	ほ		ちゅ		
ア	あ	る	み	に	う	む
	ん			し	う	
		イ	は	ん	た	い
	え	ほ			け	か
		う	う	せ	ん	ま	ん
		せ			む	
	エ	さ	か	あ	が	り

🔍 ホウセンカの花言葉は「短気」。実がじゅくすとはじけ、種が飛ぶことに由来しています。

16 の答え

たての答え

(あ) **前転**…コツは頭の後ろをマットにつけることと、最後にかかとをすばやく引きよせることです。

(い) **パトロール**…日本語で、見回りという意味です。はんざいや、じこのぼうしにつながっています。

(う) **鉄きん**…打楽器の1つ。台の上に長さのちがう鉄をならべ、小さな玉のついたぼうでたたいて鳴らします。

よこの答え

(ア) **ぜい金**…国や都道府県、市町村がそこに住んでいる人から集めます。「そぜい」ともいいます。

(イ) **インターネット**…世界中のコンピューターなどを、電話回線などを使ってつなげるネットワークです。

(ウ) **ペットボトル**…ポリエチレンテレフタレートというそざいでできています。すてるときは、きちんと分別しましょう。

(エ) **天気よほう**…気しょうちょうが中心となり、天気や気温、雨がふるかくりつなどを調べて発表しています。

クロスワードの答え:

ア	ぜ	い	き	ん		
	ん				い	
	て				ぱ	
イ	い	ん	た	ー	ね	つ	と
		う	て		ろ	
ウ	ペ	つ	と	ぼ	と	る
		き			ー	
エ	て	ん	き	よ	ほ	う

🔍 天気よほうは毎日5時、11時、17時に発表され、電話番号「177」でもかくにんできます。

17 の答え

	あ						い
⑦	ま	う	す				く	き

(クロスワードパズルの解答)

⑦ まうす
め／でん
⑦ かんがつき
きゆ ⑦ごんべん
⑦ おうだんほどう

あ め／でん／きゆ
い くゆうじゆ
⑦ かんがつき
⑦ ごんべん

管楽器の他に、打楽器やげん楽器があります。ギターやバイオリンなどを、げん楽器とよびます。

たての答え

あ 豆電球…その名の通り小さいので、かい中電灯などにも使われています。

い 90…1分＝60秒なので、60＋30＝90秒です。

う ごんべん…ごんべんは「言葉」に関係のある漢字の部首です。

よこの答え

⑦ マウス…マウスを動かすと、画面上の矢印などもいっしょに動きます。この矢印を「マウスポインター」といいます。

⑦ くき…植物のつくりは葉、くき、根からできています。葉はくきに付いていて、地中にある根はくきの下から出ています。

⑦ 管楽器…管に息をふきこんで鳴らす楽器です。フルートなどの木管楽器と、トランペットなどの金管楽器があります。

⑦ おうだん歩道…人が道路を安全にわたれるように、印をつけた場所です。

---

18 の答え

(クロスワードパズルの解答)

あ こがたな
い かじゆえん ⑦ だん
に／な ごむ
⑦ わごむ ⑦ し
す きへ
⑦ とろんぼーん
あ

ダンゴムシはこん虫ではありません。「こうかく類」という、カニやエビの仲間です。

たての答え

あ コンビニエンスストア…食料品やざっかを売る小がたのスーパーです。深夜、または24時間えいぎょうしています。

い 75…5×15＝□の答えを考えましょう。5×15＝75なので、答えは「75」です。

う ダンゴムシ…落ち葉の下など、日の当たらないしめった場所を住みかにしています。

え きへん…きへんは「木」に関係のある漢字の部首です。

よこの答え

⑦ 小刀…昔の人は、小刀でえんぴつをけずっていました。はを人に向けないように注意しましょう。

⑦ 果じゅ園…ミカンやリンゴ、モモなど、果物のなる木を育てている農園のことです。

⑦ 輪ゴム…多くは黄土色をしていますが、色がついているものもあり、大きさや太さもさまざまです。

⑦ トロンボーン…金管楽器の1つで、管の一部をのびちぢみさせて音の高さを変えます。

124

ア せいちゅう
イ しょくへん
ば
ウ かるい
エ じんりきしゃ

（クロスワード縦）
あ よつめぎり
い ぶんつめぎ
う しんば
え かつめぎ

おしゃべりな人のことを「口が軽い」、無口な人のことを「口が重い」といいます。

たての答え

（あ）**直角**…2つの直線がすい直に交わる角度。温度計と目線を直角にしないと、正しくはかれません。

（い）**分子**…分数の下の数字を分母、上の数字を分子といいます。

（う）**シンバル**…打楽器の1つ。金ぞくで作った2まいの円ばんを打ち合わせ、音を鳴らします。

（え）**4つ目ぎり**…4つ目ぎりは木にくぎを打つときのあなを、3つ目ぎりは木をねじでとめるときのあなを開けるのに使います。44ページの絵は右が4つ目ぎり、左が3つ目ぎりです。

よこの答え

（ア）**成虫**…成長したこん虫。カブトムシはたまごから生まれて、よう虫、さなぎをへて成虫になります。

（イ）**しょくへん**…しょくへんは「食」に関係のある漢字の部首です。

（ウ）**軽い**…軽度⇔重度など、じゅく語にしても反対の意味で使われます。

（エ）**人力車**…客を乗せ、人がひいて走る2輪車。観光地などでよく見かけます。

（クロスワード）
あ ふかんぜんへんた
い せいさんびやく
ア かんでんち
イ じんじゃ
ウ でんりょく
エ いきつぎ
う ひやくとうばん
え やつ

神社などでお参りするときのきほん作法は「2礼・2はくしゅ・1礼」。その前に手を清めます。

たての答え

（あ）**不完全変たい**…さなぎにならずに成虫になることです。トンボやバッタなどがこれに当たります。

（い）**1300**…100倍は、元の数字の後ろに0が2つ付きます。

（う）**110番**…「子ども110番の家」は、きけんな目に合ったときなどに、ほごしてくれる場所です。何かあったら、助けを求めましょう。

（え）**4つ**…8×□＝32として、□に入る数を考えてみましょう。答えは「4」です。

よこの答え

（ア）**かん電池**…電気を生み出す道具です。中の作りやパワーのちがいによって、アルカリかん電池、マンガンかん電池などの種類に分かれます。

（イ）**神社**…神様をまつっている場所です。入り口には、「とりい」という門があります。

（ウ）**電力**…電流が、ある時間内にする仕事の量のこと。単位はワット（W）で表します。

（エ）**息つぎ**…歌ったり泳いだりしているとちゅうで、息をすうことです。

㉑ の答え

```
            あ
ア  し ょ う す う て ん
    い       ぱ      う
    あ げ      ー     く れ
イ  は は      ま       じ
ウ  ち ゅ ー り つ ぷ
    ょ        け       と
    う え つ          か
       ぱ と か ー ど
            エ
```

🔍 チューリップの花言葉は「思いやり」。また、花の色によってさまざまな意味があります。

❀ たての答え ❀

- **あ** スーパーマーケット…客が食料品や日用品を自分で選び、出口でお金をはらう仕組みの店です。
- **い** アゲハチョウ…チョウの仲間。よう虫のときは、サンショウやカラタチなど、ミカンの仲間の木の葉を食べて育ちます。
- **う** クレジットカード…げん金ではらわなくても、後ばらいで買い物ができることをほしょうしたカードです。
- **え** パス…ボールやバトンを、味方にわたすことです。

❀ よこの答え ❀

- **ア** 小数点…1より小さい小数を表すときの「.」です。小数点より右の数字を小数といいます。
- **イ** 母…文中で中心になって動くものが主語。ここでは、買い物に行く「母」が中心人物になります。
- **ウ** チューリップ…ユリ科の植物で、色や形にはたくさんの種類があります。中には、もようの入ったチューリップもあります。
- **エ** パトカー…けいさつの自動車。見回りをしたり、じけんの場所に急行したりするのに使います。

㉒ の答え

```
    あ   い   う
    ひ   お   ぎ
    よ   し   ょ
ア  こ う そ く ど う ろ
    め   ら   に
    ん   ま   ん
    え   ん   べ
イ  ほ う い じ し ん
    ま   ゆ
    と  ウ う ん し
    び
```

A→B 高速道路は英語で「highway」。ふつうの道路は「road」といいます。

❀ たての答え ❀

- **あ** 表面…「表」も「面」も、物の外側という意味を持つ漢字です。
- **い** おしくらまんじゅう…せなかを合わせて、みんなでおし合う遊び。しりもちをついたり、おし出されたら負けになります。
- **う** ぎょうにんべん…ぎょうにんべんは「道」に関係のある漢字の部首です。
- **え** 馬とび…何人かで集まってやる場合は、間を空けてかがみ、とぶ人はリズムよくとびましょう。

❀ よこの答え ❀

- **ア** 高速道路…自動車が速く走れるように作った自動車せん用道路。125cc以下のバイク、自転車や歩行者は入れません。
- **イ** 方位じしん…方位じしんのはりは北と南を指して止まるので、方位を調べることができます。色の付いたはりが指す方が北になります。
- **ウ** 運指…楽器やそろばんなどの指の運び方のこと。運指は、楽器によってちがってきます。

たての答え

- **あ** 4分の2びょうし…1小節に3はくあるひょうし。「ひょうし」とは、きそく正しくくり返される音の強弱のことです。
- **い** 地産地消…地元でとれたものを地元で消ひすること。食料自給りつを高めます。
- **う** はばとび…ふみ切りラインからジャンプして、とんだきょりを競うスポーツです。
- **え** 局地…「局地的な雨がふる」など、一定のかぎられた土地や、地いきのことを意味します。

よこの答え

- **ア** 消ぼうし…火事を消したり、火さいをふせいだりする仕事をする人。消ぼうしょにいます。
- **イ** 博物…博物館は、自然や文化、れきしなどについてのしりょうを集め、公開するしせつです。
- **ウ** 春の七草…セリ、ナズナ、ゴギョウ、ハコベラ、ホトケノザ、スズナ、スズシロの7種類のことをいいます。
- **エ** モンシロチョウ…モンシロチョウのよう虫は、主にキャベツの葉などを食べて育ちます。

クロスワードの答え（23）

あ					
ア し	よ	う	ぼ	う	し
	ん				
イ は	く	ぶ	つ		い
う は	る	の	な	な	く	さ

局地の反対の意味の言葉は「広いき」や「全いき」。広い地いき、全ての地いきを表します。

たての答え

- **あ** こん虫…チョウやバッタ、トンボなどがこん虫です。チョウやバッタは、頭の先にしょっかくがあります。
- **い** しょう味きげん…表じされている通りにほぞんすれば、おいしく食べられることを表す日付です。
- **う** 発電所…水力・火力・原子力などを利用して、電気を起こすところです。
- **え** しゅう…「習」は、くり返し行って身につけるという意味を持つ漢字です。

よこの答え

- **ア** じしゃく…じしゃくを自由に動けるようにするとN極が北、S極は南を指します。方位じしんはこの力を利用しています。
- **イ** 中央…「中」も「央」も、真ん中という意味を持つ漢字です。
- **ウ** 電子天びん…物の重さを調べられます。家庭でも、料理のときに使われることがあります。
- **エ** 童話…『赤ずきん』『3びきの子ぶた』など、世界中にたくさんの童話があります。

しょう味きげんは、おいしく食べられるきげん。消ひきげんは、安全に食べられるきげんです。

25 の答え

① 身
② 動
③ 発
④ 意
⑤ 所
⑥ 品
⑦ 列
⑧ 世

56~57ページの答え

① 身…「全身」「身長」「身軽」「中身」の4つのじゅく語ができます。
② 動…「感動」「動作」「動物」「行動」の4つのじゅく語ができます。
③ 発…「開発」「発売」「発進」「活発」の4つのじゅく語ができます。
④ 意…「決意」「意外」「意図」「合意」の4つのじゅく語ができます。
⑤ 所…「台所」「所持」「所有」「住所」の4つのじゅく語ができます。
⑥ 品…「商品」「品物」「品目」「手品」の4つのじゅく語ができます。
⑦ 列…「行列」「列車」「列島」「整列」の4つのじゅく語ができます。
⑧ 世…「前世」「世界」「世間」「出世」の4つのじゅく語ができます。

「動」という漢字は他にも、「運動」「活動」「動画」「動向」など、多くのじゅく語に使われます。

26 の答え

① 1 8 0 0 m

② 6 cm

③ 4 2 0

④ 9 3 0 円

⑤ 4 0 分間
秒

答え

① 1800…1kmは1000mなので、1000m＋800m＝1800mです。
② 6…円の半径は直径の半分なので、12÷2＝6で、6cmになります。
③ 420…「14×30」の答えは420です。筆算にすると、ときやすくなるでしょう。
④ 930…570＋360＝930です。くり上がりに注意しましょう。
⑤ 40…10分区切りで考えてみましょう。11時50分→12時→12時10分→12時20分で、答えは40分間だとわかります。

★ 86400…1日（24時間）の秒数です。1分＝60秒、1時間＝60分＝3600秒なので、3600秒×24時間で86400秒になります。

1日＝24時間は、古代エジプト人が昼と夜を12時間ずつに分けたことが始まりだといわれます。

🔍 雪だるまはアメリカではスノーマンとよばれ、日本とはちがい、3だんで作られることが多いです。

～ 60ページの答え ～

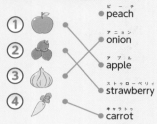

① — peach（ピーチ）
② — onion（アニョン）
③ — apple（アプル）
④ — strawberry（ストゥローベリィ）
— carrot（キャラットゥ）

apple…アップルパイはアメリカの伝とう的なデザートで、いわゆるおふくろの味です。

strawberry…straw＝ワラ。イチゴのくきがワラににていることが由来といわれます。

onion…タマネギをあげたオニオンリングは、アメリカなどで人気の食べ物です。

carrot…西洋では、雪だるまの鼻にニンジンを使っている様子がよく見られます。

～ 61ページの答え ～

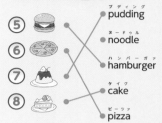

⑤ — pudding（プディング）
⑥ — noodle（ヌードゥル）
⑦ — hamburger（ハンバーガァ）
⑧ — cake（ケイク）
— pizza（ピーツァ）

hamburger…ハンバーガーなど、注文後すぐに出てくる食べ物をfast foodといいます。

pizza…ピザはイタリア生まれの料理ですが、日本にはアメリカから伝来したといわれます。

pudding…日本でいうプリンは、puddingからできた言葉です。

cake…丸い形をした食べ物のこともcakeといい、おもちはrice cakeになります。

	あ				
⑦	ど	ら	い	あ	い	す
	ぷ				**い**	
う イ	り	ゆ	ー	す		
	お		け		み	
ウ だ	ん	ぼ	ー	る		れ
	だ		し			
	ん		よ			
エ か	ぶ	ん	す	う		

🔍 ドライアイスをすでにさわると、皮ふが一気に冷やされてきけんなので、注意しましょう。

～ たての答え ～

あ アプリケーション…文書を作ったり、通信をしたりする作業に使うソフトです。

い すみれ…3つの言葉は「すみ」までが同じなので、3つ目の文字ではんだんします。

う 温だん化…自動車などから出る二さんかたんそが地球温だん化の原いんの1つです。進行するとさまざまなひ害があります。

～ よこの答え ～

⑦ ドライアイス…二さんかたんそを冷やして固めたもの。とけると気体（ガス）にもどって、白いけむりが出ます。

イ リユース…リユースすることで、しょりしなければならないごみの量をへらすことができます。

ウ ダンボール…波形にしたボール紙と平らなボール紙をはり合わせたもの。また、それでできた箱。

エ か分数…分母と分子が同じか、分子が分母より大きい分数を、か分数といいます。

29 の答え

クロスワード（29の答え）

⑦だ	う	ん	ろ	ー	ど
い		④お	は	じ	き
さ		ち	ま	ん	い
か	⑤え			に	
⑨く	と	う	て	ん	
う				に	ん
④ほ	う			く	

「冬の大三角」に対し、「夏の大三角」はベガ、デネブ、アルタイルの3つの星を結びます。

たての答え

あ **大三角**…「冬の大三角」はベテルギウス、プロキオン、シリウスの3つの星を結んだ三角形です。

い **8万人**…千の位を四しゃ五入して考えます。78624人の千の位は8で、四しゃ五入すると切り上がるので、8万人になります。

う **器械**…器具を使う運動を「器械運動」とよびます。とび箱も器械運動の1種です。

え **東北**…雪が多い地方で、特に北の方は夏でもすずしいという特ちょうがあります。

よこの答え

⑦ **ダウンロード**…ダウンロードしたデータを使えるようにすることを、インストールといいます。

④ **おはじき**…指先ではじいて別のおはじきに当て、うまく当たったら、そのおはじきをもらえるといった遊びがあります。

⑨ **く読点**…「。」がく点で「、」が読点です。く点は文の終わりに、読点は文の区切りに使います。

④ **ほう**…音読みでは「ほう」と読みます。画数は5画で、部首は「つつみがまえ」といいます。

30 の答え

クロスワード（30の答え）

		⑥ぷ		あ ち	
⑨じ	ゆ	う	ろ	つ	か	く
ば		ぐ		ほ	
	⑤え		④さ	む	い	う
		つ		
⑨ち	ゃ	く	ち	ょ	
④い	つ	と	う	せ	い

「暑い」「熱い」のように、発音は同じでも言葉の意味がちがうものを、同音いぎ語といいます。

たての答え

あ **直方体**…長方形だけか、長方形と正方形で囲まれた形を直方体といいます。正方形だけで囲まれた形は、立方体です。

い **プログラム**…ゲームやアプリなどは、組まれたプログラムを元に作動します。

う **地場**…地場とは、地元という意味。地場産業は、伝とう工業と結びついているものが多いです。

え **1兆**…14ケタの数字で1番大きい位は10兆。3はその下に位置する位なので、1兆です。

よこの答え

⑦ **16画**…「機」は、最後の点を書きわすれないように注意しましょう。

④ **寒い**…「暑い」の反対は「寒い」です。同じ読みでも、「熱い」の反対は「冷たい」になります。

⑨ **着地**…走りはばとびやスキーのジャンプでは、着地したきょりで勝負が決まります。

④ **1等星**…目で見ることができるこう星のうち、1番明るい星。6等級に分けられます。

31 の答え

たての答え

(あ) 成長…人や動物が育って大きくなること。草や木などの植物が育つことは、「生長」と書きます。

(い) 日本海…日本の西側にある海で、日本海をはさんで朝せん半島やアジア大陸があります。

(う) 京都府…関西地方の都道府県。昔は都があったので、今も多くのれきしいさんが残っています。

(え) 4倍…18×□＝72の□に入る数字を考えましょう。答えは4なので、男の子は女の子の4倍です。

よこの答え

(ア) コンセント…配線線から電気をみちびき出す器具。電気器具のプラグを差しこんで電気を引きます。

(イ) 人工知のう…記おくや学習、予想、はんだんなど、これまで人間がのう内で行ってきた作業をコンピューターが行う仕組みのことです。

(ウ) 以上…「以上」はその数に等しいか、それより大きい数。「未満」はその数より小さい数(その数は入らない)を指します。

(エ) リサイクル…かんのほかにも、ペットボトルや紙などもリサイクルされます。

クロスワードの表:
- ⑦ こんせんと
- い：いちょう / う：きょう
- にほん
- ④ じんこうちのうとふ
- か / え：よう / ば
- ⑨ いじょうふ
- ん
- ば
- ④ りさいくる

「以上」の反対は「以下」です。以下は、その数に等しいか、それより小さい数を指します。

32 の答え

たての答え

(あ) タッチパネル…タッチパネルはパソコンやスマホをはじめ、多くの電子機器で活用されています。

(い) プライド…えらそうにしている人のことは「プライドが高い」といいます。

(う) 福岡…九州地方にあり、県ちょう所ざい地は福岡市。「博多どんたく」という年中行事が有名です。

(え) 成人…20才以上の人のこと。2022年4月からは、成人の年れいが18才に引き下げられます。

よこの答え

(ア) スタンプ…記念におす印や、切手やはがきなどにおす消印のことです。

(イ) マッチ…じくにりんという薬品などをつけ、こすることで火を起こします。

(ウ) フォルテ…「やや強く」という意味の記号はメッゾフォルテになります。

(エ) 海岸線…海のしおの満ち引きによって、海岸線の高さは変化します。

クロスワードの表:
- ⑦ すたんぷ
- つ / ぷらいど
- ④ まっちぱ
- く / ね
- ⑨ ふおるて / せいじん
- く / お
- ④ かいがんせん

日本では20才が成人年れいですが、外国では多くの国が成人年れいを18才にしています。

たての答え

あ アルコールランプ…よう器に入ったアルコールを木めんなどのしんですい上げ、もやす器具です。

い ゆっくり…動作を説明する言葉です。コップの水を運んでいる様子を想ぞうして考えましょう。

う そ大ごみ…家具やじゅうたんなどもそ大ごみになりますが、分別は地いきによってちがうこともあります。

よこの答え

ア ピアノ…「やや弱く」という意味の記号はメッゾピアノです。

イ エコマーク…リサイクルした商品など、かんきょうを守るために役立つ商品に付けられます。

ウ だから…前のことがらが、後のことがらの理由や原いんになるときに使います。

エ プランター…ベランダや庭で、植物や野菜を育てるのに使う細長いさいばいよう器のことです。

	あ		い
⑦	ぴ	あ	の	ゆ
	る		つ
⑦	え	こ	ま	く	り
う			る	り
そ		だ	か	ら
い		ん
ご	エ	ぷ	ら	ん	た	ー
み

💡 「だから」と同じ働きをする言葉に「なので」「それで」「ですから」などがあります。

たての答え

あ 13こ…6×□＝78の□に入る数字を考えてみましょう。答えは13です。

い チャット…SNSなどにもチャット機のうが付いているものがあり、多くの人が活用しています。

う 冬みん…クマなどはほらあなに、ヘビやこん虫は土の中など、日の当たらない場所で冬みんします。

え せん台…宮城県の中心的な都市で、東北地方でせい令指定都市になっているのはここだけです。

よこの答え

ア もみじ…この歌は、秋になると赤や黄色に色づくもみじの美しい景色が歌われています。

イ ちょうこく刀…はん画やちょうこくなどをするときに使う小刀で、丸刀や三角刀、平刀などがあります。

ウ 等高線…地図上で等高線と数字を見ると、その場所の高さを知ることができます。

エ ていぼう…土しゃやコンクリートで作られており、土しゃでできたていぼうは土手といいます。

⑦	も	み	じ
	い	ゆ		う
⑦	ち	ょ	う	こ	く	と	う
や	さ		う
つ	ん	え	み
⑦	と	う	こ	う	せ	ん
	ん
	だ
	エ	て	い	ぼ	う

🔍 人口が50万人以上で、せい府により指定された市をせい令指定都市といいます。

35 の答え

クロスワード盤面：

	（い）	（う）		（あ）
（ア）	ひ	が	し	に	ほ	ん	か	い
	や	ず			か		い
	く	（イ）	お	お	が	い	ず
	よ		か		（え）		
	う				と		
（ウ）	ば	ん	そ	う			
	こ			（エ）	ひ	じ	ょ	う
					ょ		
					う		

ひじょうは、「ひじょうにセンスがよい」など、ふつうよりすぐれているときにも使います。

たての答え

（あ）てん開図…立体を切り開いた図がてん開図。全体の形をわかりやすくしたものが見取り図です。

（い）百葉箱…気しょう観そくをするために使う器具が入った箱で、日光を反しゃするために白くぬられています。

（う）静岡…「しずおか」と読みます。「岡」という字は「岡山」「福岡」などにも付いています。

（え）投票…投票によってグループのリーダーや役員を決めることを選挙といいます。

よこの答え

（ア）東日本…東日本大しんさいは2011年3月11日に起きた、東北地方から関東地方にわたりはげしくゆれた大きな地しんによるさい害のことです。

（イ）おおがい…「頁」という字は、人の頭を意味する漢字です。

（ウ）ばんそう…曲の中心となる音をおぎなうためのえんそうです。

（エ）ひじょう…通じょうではないことで、火さいのときなどにひじょうベルを鳴らします。

---

36 の答え

クロスワード盤面：

		（あ）		（い）
（ア）	げ	す	い	し	よ	り
		し		ぶ
（イ）	ご	ひ	ゃ	く	え	ん	か
		ゃ		ざ
		ご		い
	（う）	で	に	ゆ
（ウ）	さ	ん	ど	う
		り		
		ゆ		
（エ）	う	ま	れ	る

建物や工芸品などを「有形文化ざい」、えんげきや音楽などを「無形文化ざい」といいます。

たての答え

（あ）四しゃ五入…切りすては、4以下の数を0にすること。切り上げは、5以上の数を1つくり上げることです。

（い）文化ざい…文化ざいで特に重要なものは、国ほう、重要文化ざい、天然記念物などに指定されます。

（う）電流…電気の流れのことで、直流と交流があります。単位はアンペア（A）で表します。

よこの答え

（ア）下水しょり…下水しょり場でしょりされて、きれいになった水は、川や海に流されます。

（イ）500円…式は150＋（70×5）＝□です。この場合、（）内を先に計算するので、70×5＝350→150＋350＝500です。

（ウ）参道…参道の真ん中は神様が通る道とされているので、さけて通るようにしましょう。

（エ）うまれる…正しい送りがなは「産まれる」です。「産」は音読みでは「さん」と読みます。

（あ）びわ湖…滋賀県にある湖で、竹生島や沖島などいくつかの島があります。

（い）オタマジャクシ…水中に住んで、えらでこきゅうをします。長いしっぽがあるのが特ちょうです。

（う）水げん…水げん林は雨としてふった水をダムのように地中にためて、ゆっくりと川に流します。

（え）つる…つるの一声とは、他の人の意見をおさえつける、力を持った人の一言を意味します。

（ア）沖縄…「おきなわ」と読みます。「沖」という字は、海や湖の岸から遠くはなれた場所を意味します。

（イ）ジャガイモ…ジャガイモは40円が3倍に。サツマイモは100円が2倍になっているので、ジャガイモの方がより多くね上がりしています。

（ウ）姉妹都市…長崎県長崎市とアメリカのミネソタ州セントポール市が、日本と海外との最初の姉妹都市です。

（エ）スパンコール…洋服の材料で、光を反しゃさせるために使います。いろいろな形や色があります。

クロスワードの答え（37）

		（あ）		
		び		
（ア）お	き	な	わ	
た		こ		
（イ）じ	や	が	い	も
や	（う）			
く	す			
（ウ）し	ま	い	と	し（え）
	げ			つ
（エ）す	ぱ	ん	こ	ー	る

📖 「つる」が入ったことわざは他にも「つるは千年、かめは万年」などがあります。

① アメリカ
② イギリス
③ 日本
④ 中国（中か人民共和国）
⑤ カナダ
⑥ ブラジル
⑦ オーストラリア
⑧ かん国（大かん民国）

🔍 アメリカ国旗のしまは赤と白です。その数は13本で、どく立当時の州の数を表しています。

① アメリカ…星の数は50こで、アメリカの州の数を表しています。「星じょう旗」ともよばれます。

② イギリス…イングランド、スコットランド、アイルランドの十字かが組み合わさっています。

③ 日本…真ん中には赤い日の丸があり、これは太陽を意味しています。

④ 中国（中か人民共和国）…旗の地色は全体的に赤く、これは「共産主ぎ」という中国のせい治を表しています。

⑤ カナダ…旗の中央には、カナダを代表するサトウカエデの木の葉がえがかれています。

⑥ ブラジル…旗の地色は緑と黄色で、緑は林業と農業、黄色はこう業を意味します。星の数は27こで、26州と首都「ブラジリア」を表します。

⑦ オーストラリア…左上にはイギリスの国旗があり、イギリスとのつながりを表しています。

⑧ かん国（大かん民国）…真ん中の円は「太極」といいます。色は赤と青で、相対する2つの物が合わさって調和するという意味を持っています。

39 の答え

（あ）さんもんぷ／（い）ねんこ／（う）たんこぶ／（イ）たんこぶ／（ウ）つめ／（ア）ねこ／ぬき／き

たての答え

（あ）三文…「早起きは三文のとく」は、早く起きると健康にもよく、勉強などもはかどるので、とくをするという意味です。

（い）念仏…「馬の耳に念仏」は、馬にありがたい言葉（念仏）を聞かせても理かいできないことから、何を言っても意味がないことを表します。

（う）たぬき…都合が悪いときなどに、わざとねたふりをすることを「たぬきね入り」といいます。

よこの答え

（ア）ねこ…ねこは自分のなわばり以外ではきんちょうすることから、ふだんとちがって大人しい様子を「かりてきたねこ」といいます。

（イ）たんこぶ…「目の上のたんこぶ」は、じゃまなものの例え。自分より立場が上の人に使います。

（ウ）つめ…「能ある鷹はつめをかくす」は、かしこい人は、ふだんそれをかくしているという意味です。

「たぬきね入り」は、昔からたぬきは人をだますと思われていたことからできた言葉です。

40 の答え

pantsやbootsがsの付く形（ふく数形）なのは、両足ではくためです。

86ページの答え

① pencil
② eraser
③ stapler
④ ruler
　 marker

pencil…えん筆を指します。シャープペンシルは、日本が作った言葉です。
eraser…書かれたものや記録を消すことをeraseといいます。
ruler…ruleは、きそくという意味。きそく正しい線を引くので、こうよばれます。
stapler…ホチキスは日本だけのよび方で、正しくはstaplerといいます。

87ページの答え

⑤ shorts
⑥ shirt
⑦ cap
⑧ boots
　 pants

shirt…Yシャツはwhite shirt（白いシャツ）がなまってできた言葉です。
cap…capは、ふちのないぼうしのこと。ふちのあるぼうしはhatといいます。
pants…pantsは長ズボンのことです。半ズボンや下着のパンツはshortsといいます。
boots…ブーツや長ぐつなどの、長いくつがboots。短いくつはshoesといいます。

135

41 の答え

（あ）（い）（う）

（ア）	た	い	へ	い	よ	う
	か		い		ん	
（イ）う	ま		こ			
	つ		う			（え）
			し			ち
			へ			ゃ
	（ウ）て	ん	じ			く
			け			せ
		（エ）い	ば	ら	き	

三大大洋は、太平洋、大西洋、インド洋の３つ。このうち、日本が面しているのは太平洋だけです。

たての答え

（あ）**高松**…せ戸内海に面した香川県最大の都市です。

（い）**平行四辺形**…向かい合った２組の辺が平行な四角形です。向かい合う辺の長さと角度が等しくなっています。

（う）**4**…120 ÷（5＋25）＝□の場合、()内を先に計算するので、120÷30となり、答えは4です。

（え）**着席**…起立は立ち上がるという意味で、着席は席に着くという意味です。

よこの答え

（ア）**太平洋**…とても大きな３つの海「三大大洋」のうちの１つです。

（イ）**馬**…「馬が合う」という言葉は、乗馬中のきしゅと馬の息が合い、順調に走れている様子から来ています。

（ウ）**てんじ**…自分たちが作った作品を観てもらうこと。「夏休みの作品をてんじする」などと使います。

（エ）**茨城**…「いばらき」と読みます。「いばらぎ」と読みまちがえないように注意しましょう。

---

42 の答え

（あ）

			（あ）ご
（い）	（う）		せ
（ア）ひ	な	ん	く	ん	れ	ん
な		う	（え）	ち	め	
	（イ）か	ま	き	り		ー
			よ			と
	（ウ）み	ん	よ	う		る
			あ			
			し			

民ようは世界中にあり、『森のくまさん』や『アルプス一万じゃく』は、アメリカの民ようです。

たての答え

（あ）**5 cm**…平行四辺形は向かい合う辺の長さが等しいので、辺イウは辺アエと同じく5 cmです。

（い）**ひな**…かえって間もない、小さな鳥の子どもをひなといいます。ヒヨコはニワトリのひなです。

（う）**空気**…地球を包んでいる色もにおいもない、とう明な気体。また、その場のふんい気のことも指します。

（え）**両足**…左右の足のこと。とび箱では、両足をそろえてふみ切ります。

よこの答え

（ア）**ひなん訓練**…ひなん訓練で用いる標語は「おはしも」。おさない、はしらない、しゃべらない、もどらないの頭文字をとっています。

（イ）**カマキリ**…たまごで冬をこすのは、カマキリです。クワガタは土の中で冬をこします。

（ウ）**民よう**…日本全国にさまざまな民ようが伝わっています。『ソーラン節』は北海道の歌で、ニシン漁を歌っています。

43 の答え

	あ			い
ア は	ざ	ー	ど	い
イ どつ	ち			と
	じ			ど
ウ しゅ	う	しゅ	う	ふ
	う	う		け
え い		お		け
エ し	ちょう	う	そ	ん
	き		む	

春は英語で「spring」、夏は「summer」、秋は「autumn」、冬は「winter」といいます。

たての答え

- あ 81…45＋9×4＝□の場合、先にかけ算を計算するので、9×4＝36→45＋36＝81です。
- い 都道府県…1つの都、1つの道、2つの府、43の県から成り立っています。
- う おうむ…「おうむ返し」という言葉は、おうむが人の言葉をくり返す習性から来ています。
- え 四季…3月～5月が春、6月～8月が夏、9月～11月が秋、12月～2月が冬とされています。

よこの答え

- ア ハザード…ハザードは「きけん」という意味。ハザードマップは、各市区町村のホームページなどで公開されています。
- イ どっち…方向を表す「こそあど」言葉です。「どっち」はくだけた言い方で、正しくは「どちら」。いくつかの中から1つを選ぶときに使います。
- ウ しゅう集…ごみ集積所に分別したごみを出すと、ごみしゅう集車が集めてくれます。
- エ 市町村…都道府県はいくつかの市町村から成り立ちます。中には「区」がある所もあります。

44 の答え

	い		あ	
ア じ	え	い	た	い
よ		う	こ	
そ	イ く	らん	ぷ	
う		ま	え	
	ウ も	ー	た	ー
	と		て	
			び	
エ て	い	き	あ	つ

熊本県は農業がさかんで、トマトやスイカの生産量は、日本一をほこっています。

たての答え

- あ アイコン…アイコンは、クリックしたり、タッチしたりすることで開くことができます。
- い 助走…高とびややり投げなどで、いきおいをつけるために、ふみ切る位置まで走ることです。
- う 熊本…「くまもと」と読みます。「熊」の部首は下の「灬」の部分で、れっかといいます。
- え たてびき…たてびきは木目に対して平行に切るとき、横びきは木目に対してすい直に切るときのひき方です。

よこの答え

- ア 自えい隊…日本の平和を守るための組しき。陸上、海上、こう空自えい隊の3つの部隊があります。
- イ クランプ…あつい木材を切るときは、クランプでおさえると切りやすいです。CクランプやFクランプなどがあります。
- ウ モーター…かん電池でモーターを回すとき、かん電池1こよりも2この方が回転数は多くなります。
- エ 低気あつ…周りの気あつにくらべて低くなっている所で、この付近は天気が悪くなります。

45 の答え

クロスワード盤面：
- ㋐ たいようこう
- あ し／う／く／ば
- ㋑ ちから
- い かんこう
- ㋒ たいぶんすう
- う ぶんすう
- え すう
- ㋓ さんど
- き／いしつ

太陽光は英語で「solar light」といい、太陽光発電用のパネルは「ソーラーパネル」といいます。

たての答え

あ **松竹梅**…おめでたいものとして、祝い事の景品などに使われる言葉です。松→竹→梅の順に高級といわれます。

い **観光**…沖縄県は観光業がさかんで、年間に950万人以上の観光客がおとずれます。

う **分度器**…角度をはかるときに使います。半円形や円形のものがあります。

え **水しつ**…水しつけんさや水のよごれをとるために、じょう水場では1日中機械を動かしています。

よこの答え

㋐ **太陽光**…太陽光発電用のパネルは、屋根の上のほか広い土地にも置かれています。

㋑ **ちから**…ちからは、力があることや力をつくすことなどに関する漢字の部首です。

㋒ **帯分数**…整数と真分数との和から成り立つ分数を帯分数といいます。

㋓ **三度**…「ほとけの顔も三度」とは、どんなにやさしい人でも、何度も失礼なことをされるとおこるという意味です。

---

46 の答え

クロスワード盤面：
- ㋐ きーぼーど
- あ ど／し
- ㋑ しゃーぷ
- い く／ひ／ずれ
- ㋒ ちょくれつ
- う し／か
- ㋓ てんとうむし

「しかし」と同じ働きをする言葉に「でも」「けれども」「ところが」などがあります。

たての答え

あ **土しゃくずれ**…森林がないと、たくさんの雨水が土にしみこむので、土しゃくずれが起こりやすくなります。

い **標本**…こん虫のほか、動物や植物、ほねや化石などの標本もあります。

う **しかし**…前のことがらを受けて、それと反対のことをのべるときに使います。

よこの答え

㋐ **キーボード**…キーボードには、アルファベットやひらがな、数字、記号などをしめすキーがならんでいます。

㋑ **シャープ**…シャープのぎゃくで、半音下げる意味の記号はフラット（♭）、もとの高さにもどす記号はナチュラル（♮）です。

㋒ **直列**…電気のつなぎ方には「直列つなぎ」と「へい列つなぎ」があります。

㋓ **テントウムシ**…テントウムシ科のこん虫で、ナナホシテントウ、ナミテントウなどの種類がいます。

47 の答え

たての答え

(あ) **本州**…本州の中で1番北が青森県、南が和歌山県、東が岩手県、西が山口県です。

(い) **ボランティア**…自分から進んで、社会活動などに無しょうで参加することです。

(う) **台形**…台形は、向かい合った1組の辺が平行な四角形です。

(え) **半月**…月の半分だけが見えているじょうたいです。月は約29.5日かけて、満ち欠けをくり返しています。

よこの答え

(ア) **ダム**…ダムにためられた水の一部は、じょう水場できれいにされます。

(イ) **けん流計**…わずかな電流をはかるための器具で、電流が大きいほどはりが大きくふれます。

(ウ) **アンサンブル**…1人ではなく、何人かでえんそうすることです。

(エ) **熱**…ごみをもやしたときに出る熱は、特しゅな機械を通して電気にしたり、お湯にしておふろに利用されたりしています。

2人でのえんそうは「デュオ」、3人は「トリオ」、1人は「ソロ」といいます。

---

48 の答え

たての答え

(あ) **ふみ切り足**…ふみ切り足は、競ぎにより両足の場合とかた足の場合があります。

(い) **きかん**…読みは同じですが、それぞれ「機関車」「消化器官」と、ちがう意味の言葉が入ります。

(う) **1億**…1356987540000の「9」は、下から数えて9ケタ目なので、位は1億です。

(え) **インク**…インキともいいます。印刷したりペンで書いたりするときに使う、色の付いたえき体です。

よこの答え

(ア) **風力**…風車の回転によりできた力を電気に変えます。ねん料をもやさないので、かんきょうにやさしい仕組みです。

(イ) **クラリネット**…低い音から高い音まで、音の出せるはん囲が全管楽器の中で最もはば広いという特ちょうがあります。

(ウ) **気しょう台**…空港にも気しょう台をもつ所があり、飛行機が飛ぶために天気を調べています。

(エ) **反そく**…きそくやルールをやぶること。スポーツで反そくをすると、とく点を失うことも。

「機関」「器官」のような同音ぎのじゅく語は「意外」「以外」、「関心」「感心」などがあります。

49 の答え

	あ	い		
ア	た	い	か	く	せ	ん
		い		か		（う）
イ	え	き	た	い		ろ
		や		い		ー
		く |（ウ）| さ	く	ら
		ぜ		ん		ー
		ん		て		
エ	け	ん	ち	ょ	う	

奈良県の「法りゅう寺」と兵庫県の「ひめ路城」が、日本で最初の世界いさん（文化いさん）です。

たての答え

- **あ かいきゃく前転**…起き上がるときにあしを開く分、「前転」よりむずかしい動きになります。
- **い 世界いさん**…世界いさんの第1号はエクアドルのガラパゴスしょ島などの12の場所で、1978年に指定されました。
- **う ローラー**…インクをつけて、はん木の上で転がして使います。

よこの答え

- **ア 対角線**…長方形と正方形はそれぞれ四角形の中心で線が交わり、対角線の長さも同じです。
- **イ えき体**…水や油などのように、決まった形がなく、入れ物によって形が変わります。
- **ウ サクラ**…バラ科の木で、春にうすもも色の花がさきます。ソメイヨシノやシダレザクラなど、多くの種類があります。
- **エ 県ちょう**…県ちょう所ざい地は、都道府県の中心都市であることが多いです。

---

50 の答え

		あ			
ア	ふ	つ	と	う	|（い）
		う				あ
|（うイ）| き	ん	に	く		せ
	す		よ		（え）	す
（ウ）| が	い	す	う		す
	じ		と		ぼ	
	ょ				く	
	う			じ		
エ	き	ゆ	う	し	ゆ	う
					う	

きん肉には体を動かすだけでなく、体温を調節したり、血流をよくしたりする働きもあります。

たての答え

- **あ 東京都**…日本で最も人口が多い都道府県。都の中心部には23の区があります。
- **い アクセス**…ホームページなどにアクセスするときは、インターネット上でじょうほうを調べます。
- **う 水じょう気**…水は、熱して温度が高くなると、水じょう気となって空気中に出ていきます。
- **え ぼくじゅう**…すみをすって作ったえき。書道では、筆につけて文字を書きます。

よこの答え

- **ア ふっとう**…えき体がある温度以上になって、にえたったり、わきたったりすることです。
- **イ きん肉**…細いすじが集まってできていて、動物の体を動かす働きをします。
- **ウ がい数**…がい数は、四しゃ五入をしてわり出すことができます。
- **エ 九州**…福岡県、大分県、佐賀県、長崎県、熊本県、宮崎県、鹿児島県をふくみます。場合により、沖縄県をふくむこともあります。

51 の答え

	（あ）					（い）
（ア）	お	れ	せ	ん	ぐ	ら	ふ
	か					ん
	や		（う）			の
（イ）	ま	ら	か	す		う
			た		（え）	
			つ		ぶ	
（ウ）	さ	ん	か	た	ん	そ
			ー		べ	
（エ）	ふ	る	ー	と		つ

よい・悪いの区別がついたり、正しくはんだんができたりする人を「分別のある人」と表します。

たての答え

（あ）**岡山**…中国地方の都道府県の1つで、県ちょう所ざい地は岡山市です。

（い）**らんのう**…カマキリなどのたまごが入っているふくろ。たまごをほごします。

（う）**スタッカート**…1音ずつ短く切ってえんそうします。

（え）**分別**…「分」も「別」も、分けるという意味を持つ漢字です。

よこの答え

（ア）**折れ線グラフ**…数や量の変化の様子を見るときに使うグラフです。

（イ）**マラカス**…マラカという木の実の中をくりぬいた中に、小石や植物の種を入れて作ります。

（ウ）**さんかたんそ**…電気を作るときにねん料をもやすことが、二さんかたんその大きな発生原いんです。

（エ）**フルート**…美しい高音が特ちょう。フルートより小がたの笛のピッコロは、フルートの1オクターブ上の音が出ます。

52 の答え

① ほっかいどう
② あおもり
③ にいがた
④ かながわ
⑤ ながの
⑥ おおさか
⑦ こうち
⑧ かごしま

坂本りょうまは、有名なれきし上の人物。多くの活やくで、日本を新しい時代へとみちびきました。

答え

① **北海道**…北海道は日本の1番北に位置します。面積の大きさが日本一です。

② **青森**…青森県は東北地方の1番北に位置します。県ちょう所ざい地は青森市です。

③ **新潟**…新潟県は日本海側にあり、県ちょう所ざい地は新潟市。佐ど島という島があります。

④ **神奈川**…神奈川県の県ちょう所ざい地は横はま市。中か街や、かま倉の大ぶつなども有名です。

⑤ **長野**…長野県は、海に面していない県の1つ。1998年には冬季オリンピックが開かれました。

⑥ **大阪**…大阪府は近き地方で1番人口が多く、えど時代には「天下の台所」とよばれた商業の地です。

⑦ **高知**…高知県は四国地方の南に位置します。坂本りょうまの出身地としても知られています。

⑧ **鹿児島**…鹿児島県は火山が有名な土地です。世界いさんに登録されている「やく島」があります。

「十人十色」と同じような意味を持つ言葉に「三者三様」「千差万別」などがあります。

112ページの答え

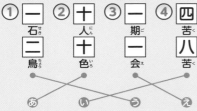

① 一／二　石鳥
② 十／十　人色
③ 一／一　期会
④ 四／八　苦苦

（あ）（い）（う）（え）

一石二鳥…1つの行動で、2つとくをすること。1つの石を投げて、2羽の鳥が落ちたことが由来しています。

十人十色…十人いれば十の色（こせい）があり、考え方や好みがちがうという意味です。

一期一会…一生に一度の出会いの大切さを意味し、茶人の千利休の言葉といわれています。

四苦八苦…とても苦しいことや、思い通りにいかないことを指します。ぶっ教の言葉です。

113ページの答え

⑤ 右／左　往往
⑥ 弱／強　肉食
⑦ 有／無　名実
⑧ 空前／絶後

（ア）（イ）（ウ）（エ）

右往左往…あわててこんらんしていること。左右に行ったり来たりする様子です。

弱肉強食…弱い者がえさになり、強い者がそれを食べて栄えていく様子を表しています。

有名無実…名前ばかりで中身がなく、本当はかちがないことを意味しています。

空前絶後…とてもめずらしく、まれだという意味。「空前」はこれまでにないこと。「絶後」は今後もありえないことを指します。

Thank you.にはYou're welcome.と返します。「どういたしまして」という意味です。

114ページの答え

① ● Good evening.
② ● Good morning.
③ ● Good night.
④ ● Hello.
● Bye.

Good morning.…「おはよう」という意味です。morningは朝、午前を指します。

Hello.…「こんにちは」という意味です。電話の「もしもし」としても使います。

Bye.…「さようなら」という意味です。親しい間がらで使う言葉です。

Good night.…「おやすみ」という意味。夕方いこうの別れのあいさつでもあります。

115ページの答え

⑤ ● Thank you.
⑥ ● I'm hungry.
⑦ ● Yummy!
⑧ ● I'm sleepy.
● Go home.

Thank you.…「ありがとう」という意味。もっと気軽な言い方はthanks.です。

Yummy!…「おいしい」という意味で、主に子どもや女の人が使う表げんになります。

I'm hungry.…「おなかが空いた」という意味。満ぷくのときはI'm full.といいます。

I'm sleepy.…「ねむい」という意味です。目を覚ますことはWake up.といいます。

ひみつのメッセージ

みんな、最後までよくがんばったね！
全ての問題をとくことができたかな？
さぁ、下の11このマスに、スペシャルキーワードの
文字を入れて、つなげて読んでみよう。
ようせいチャッピーのいる場所が、
きっと分かるはずだよ！

			を	
�ять5	✗19	✗1		✗43	✗35

✗22	✗14	✗31	✗29	✗9	✗49

> **数字は問題の番号だホ〜。**

スタッフ

装丁・本文デザイン	佐々木恵実（株式会社ダグハウス）
イラスト	青木健太郎
問題制作	株式会社スカイネットコーポレーション
校正	木串かつこ
編集協力	渡邉光里（株式会社スリーシーズン）
企画・編集	端香里（朝日新聞出版 生活・文化編集部）

重要語句が身につく！
小学3・4年生の
クロスワードパズル

監　修	国立大学法人 お茶の水女子大学附属小学校
発行者	橋田真琴
発行所	朝日新聞出版
	〒104-8011　東京都中央区築地5-3-2
	電話　（03）5541-8996（編集）
	（03)5540-7793（販売）
印刷所	図書印刷株式会社